Birgit Mayer
Mit Kindern unterwegs
Im Südschwarzwald

Fleischhauer & Spohn Verlag

Erscheint mit freundlicher Unterstützung von:

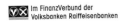

Titelbild: Das Titelbild wurde am Schluchsee aufgenommen.

Die Kartenskizzen auf der Umschlagrückseite hat Edmund Kühnel, 72766 Reutlingen, angefertigt.

Bildnachweis: Alle Aufnahmen stammen von der Verfasserin.

Umschlaggestaltung und Layout: Rainer Wittner, Goethestraße 101, 67435 Neustadt

© 1991 by Fleischhauer & Spohn Verlag, 74321 Bietigheim-Bissingen
2. Auflage 1998

Gesamtherstellung: Laub GmbH & Co., 74834 Elztal-Dallau

ISBN 3-87230-548-4

Inhalt

	Vorworte	5
	Moment noch	7
	Wie der Schwarzwald wurde, was er ist.	9
1.	Tal, Berg, Stadt und Burg	14
	Durchs Glottertal über den Kandel nach Waldkirch und Sexau	
2.	Über Bächle und durch Gäßle	19
	Ein Stadtrundgang durch Freiburg im Breisgau	
3.	Über den Wolken wandern	27
	Rund um den Schauinslandgipfel	
4.	Und wenn die Sonne mal nicht scheint?	33
	Ein Tag im Münstertal	
5.	Im Bannwald den „Urwald" erleben	38
	Der Waldlehrpfad Schönau	
6.	Familienausflug abseits ausgetretener Pfade	41
	Wandern, Grillen und Spielen nahe Zell im Wiesental	
7.	Im Sagenreich der Erdmännlein	45
	Zu den Tropfsteingebilden der Erdmannshöhle bei Hasel	
8.	Wo die Hotzen hausten	50
	Unterwegs auf den Höhen des Hotzenwalds um Herrischried	
9.	Wieviele Gemsen gibt's im Schwarzwald?	54
	Wer's wissen will, muß nach Höchenschwand und St. Blasien	
10.	Ob Hüsli, Schlüchtsee oder Tannenmühle	57
	... in und um Grafenhausen sind Familien willkommen	
11.	Badespaß inmitten von Tannenwäldern	62
	An den Ufern von Titisee, Schluchsee und Windgfällweiher	

Inhalt

12. Mach' es wie die Sonnenuhr 69
    Heitere Stunden in Bernau

13. Wanderziel Wasserfall 74
    Ein Ausflug ins Todtnauer Ferienland

14. Per Kinderwagen oder lieber fast alpin? 78
    Am Feldberg findet sich für jeden das Richtige

15. Durch Moor und Schlucht 83
    Von Attraktion zu Attraktion in der Umgebung Hinterzartens

16. Echte Abenteuer – gibt's die noch? 89
    Durch Wutachschlucht und Lothenbachklamm

17. Erholung im Grünen und unter Tieren 93
    Löffingen macht's möglich

18. Und dann hau' ich mit dem Hämmerchen 97
    Gesteinskunde auf den Klopfplätzen Bräunlingens

19. Familien- und Ausflugsparadies am Neckarursprung 101
    Ein Besuch in der Doppelstadt Villingen-Schwenningen

20. Kuckuck, Kuckuck ruft's aus der Uhr 110
    Erlebnisse zwischen Schonach, Schönwald und Furtwangen

21. Lambarene und Königsfeld 118
    Wo der „Urwalddoktor" zuhause war

22. Römer, Ritter und mehr 123
    In und um Schramberg

23. Mit Volldampf durch den Südschwarzwald 130
    *„Rebenbummler", „Chanderli", „Sauschwänzle-" und
    „Höllentalbahn" stellen sich vor*

Schwarzwaldverein e.V. 137

Liebe Eltern, liebe Kinder, liebe Leserinnen und Leser,

Der Südschwarzwald ist geradezu prädestiniert für Familienferien. Familienfreundliche Unterkünfte, eine sehr gute Infrastruktur und eine traumhafte Landschaft laden zum Erholen, Genießen und zum Träumen ein. Spezielle Veranstaltungen für Kinder und Jugendliche werden in den Ferienorten angeboten. Kinder und Eltern sind bei uns herzlich willkommen und gerngesehene Gäste.

Wir sind der Autorin Birgit Mayer und dem Verlag Fleischhauer & Spohn sehr dankbar, daß der Band „Mit Kindern im Südschwarzwald" zum zweiten Male aufgelegt wird. Dieses Buch enthält Tips zu Ausflügen und Unternehmungen, die der ganzen Familie Spaß machen sollen. Auf spielerische Weise wird zugleich das Wissen um den eigenen Lebensraum mit seinen vielfältigen Möglichkeiten und Angeboten vertieft. Das Buch enthält viele wertvolle und interessante Hinweise, um die Freizeit und die Ferien unvergeßlich gestalten zu können. Sie lernen dabei den Südschwarzwald kennen und hoffentlich auch lieben!

Ich wünsche Ihnen viel Freude beim Lesen in diesem schönen Buch und danach viel Spaß bei der Umsetzung bei uns im Südschwarzwald.

Hansjörg Eckert
Präsident des Schwarzwald Tourismusverbandes

Zum Geleit

Der Südschwarzwald ist für den südbadischen Regierungspräsidenten als Chef der zuständigen Höheren Naturschutzbehörde ein ebenso wichtiges wie schönes und zugleich sensibles Betätigungsfeld. Hier liegen mit Feldberg, Belchen, Präger Gletscherkessel und Wutachschlucht, um nur diese zu nennen, einige der größten und wertvollsten Naturschutzgebiete nicht nur des Regierungsbezirks Freiburg, sondern von ganz Baden-Württemberg. Gerade eben, im Dezember 1997, habe ich mit dem 940 Hektar großen Natur- und Landschaftsschutzgebiet „Rohrhardsberg-Obere Elz" als dem 900. Naturschutzgebiet im Lande ein weiteres landschaftliches Juwel im Schwarzwald unter Schutz gestellt. Damit stehen fast 3 % der Fläche des Regierungsbezirks Freiburg unter Naturschutz, wovon wiederum der weitaus größte Flächenanteil auf den Südschwarzwald entfällt.

Dies zeigt nicht nur die herausragende Bedeutung dieser Landschaft für den Naturschutz, man kann daraus auch auf die anhaltend starke Attraktivität des Südschwarzwaldes für die Erholung suchenden Touristen schließen. Sie können, vor allem wenn sie im Massen auftreten, der Natur durchaus großen Schaden zufügen. Deshalb bin ich ein entschiedener Verfechter des sogenannten „sanften Tourismus" und setze mich seit Jahren ebenso für den Ausbau der öffentlichen Verkehrsverbindungen mit touristenfreundlichen Wanderbusangeboten wie für die heute unverzichtbaren Maßnahmen der Besucherlenkung, Besucherbetreuung und Besucherinformation ein. Denn in aller Regel gilt, daß Touristen und Wanderer, die gut informiert sind, auch gut zur Natur sind.

Informationstafeln, Wegweiser und Broschüren sind heute gewiß unverzichtbar und geradezu Standard, sie ersetzen aber nicht eine gewisse Vorbereitung und Planung eines Familienausflugs, gerade auch mit Kindern. Hier leistet ein Bändchen wie der hier nun in neuer und erweiterter Auflage erschienene Wanderführer des Verlags Fleischhauer & Spohn gute und sicherlich vielen Eltern hochwillkommene Dienste. Kenntnisreich und prägnant werden hier erprobte Vorschläge gemacht, bei denen alle Familienmitglieder „auf ihre Kosten kommen", durch die Um- und Irrwege vermieden und so letztlich auch der Umwelt unnötige Inanspruchnahmen erspart werden. In diesem Sinne wünsche ich Verlag und Autorin ein möglichst reges Interesse an der Publikation.

Dr. Conrad Schroeder
Regierungspräsident Freiburg

Moment noch ...

Kein „Vorwort" möchte ich an den Anfang dieses Buches setzen, sondern ein paar wenige Bemerkungen zu seinem Aufbau und zu seiner Konzeption.

Eines vorab: „Mit Kindern im Südschwarzwald" ist – obwohl ganz und gar eigenständig – die thematische Ergänzung zu „Mit Kindern im Nordschwarzwald". Was dort im „Roten Faden" zur Entstehung des Schwarzwalds, zum Klima, vor allem auch zum Reisen mit Kindern gesagt wurde, wird hier nicht wiederholt. Dennoch gibt es auch hier ein Basiskapitel. In „Wie der Schwarzwald wurde, was er ist." wird versucht, eine historische Abfolge der Entstehung dieses liebenswerten Natur- und Kulturraums mit Schwerpunkt auf seinem südlichen Teil zu zeichnen. Der Südschwarzwald ist ein lohnendes Erholungsgebiet – unabhängig von der Altersstruktur einer Familie –, das sich sowohl in Tagesausflügen von Stuttgart oder Freiburg aus als auch in kürzeren oder längeren Urlaubsaufenthalten erkunden läßt. Urlaubsaufenthalte haben den Vorteil, daß die Anreise entfällt und dadurch die Entfernungen zwischen den einzelnen Zielpunkten nur noch gering sind, so daß dort mehr Zeit für den Aufenthalt bleibt.

In dreiundzwanzig Kapiteln werden Vorschläge für Ausflüge gemacht. Jedes Kapitel ist einem bestimmten Zielgebiet, einem Thema gewidmet. Jedes bietet darüber hinaus Vorschläge, was man dort sonst noch unternehmen kann. So kann jede Familie ihrer Zusammensetzung gemäß auf ihre Kosten kommen. Im Schwarzwald muß man mehr als anderswo wandern, um alle seine Schönheiten kennenzulernen. Deshalb beinhaltet fast jeder Ausflug den Vorschlag zu einer lohnenden Wanderung: Es gibt lange und kurze Wanderungen; einige sind sogar mit dem Kinderwagen zu machen. Da sie alle in einzelne, überschaubare Teilstrecken gegliedert sind, über viele Etappen zum Ziel führen, halten sie nicht nur Kinder bei der Stange: selbst die Erwachsenen haben mehr Spaß an solchen Wanderungen!

Die Reihenfolge der Kapitel orientiert sich bewußt an der räumlichen Nähe der Zielgebiete zueinander. So kann man unter Umständen auch Programmpunkte aus benachbarten Zielgebieten zu neuen Ausflügen nach persönlichem Geschmack kombinieren.

Wer den Schwarzwald in seiner Vielschichtigkeit als Natur- und Kulturraum kennenlernen will, sei auf das einleitende Kapitel „Wie der Schwarzwald wurde, was er ist." aufmerksam gemacht. Als eine Art skizzierter Landeskunde, verbunden mit Hinweisen auf die nachfolgend beschriebenen Ausflüge, ermöglicht diese Einleitung den Lesern, sich den mittleren und südlichen Schwarzwald gezielt zu erwandern. Es braucht nicht erwähnt zu werden, daß alle Wanderstrecken abgegangen wurden und alle übrigen Angaben auf dem bei Drucklegung (II/98) neuesten Stand sind. Es empfiehlt sich trotzdem, stets eine der angegebenen Karten auch mitzunehmen. Am Ende der Kapitel werden meist nur die RV-Karten und die Karten des Schwarzwaldvereins angegeben, die vom Landesvermessungsamt Baden-Württemberg auf der Grundlage der topographischen Karte erstellt wurden. Diese Karten gibt es in jeder Buchhandlung zu kaufen.

Leider bleiben nicht alle Wanderungen und Ausflugsziele so, wie ich sie antraf. Orientierungspunkte und Wegzeichen können sich ebenso ändern wie Öffnungszeiten und Preise. Dafür bitte ich vorab um Verständnis, bin aber dankbar für alle Hinweise, um sie bei einer Neuauflage des Buches einarbeiten zu können.

Für alle Ausflüge in den Südschwarzwald wünsche ich Ihnen allen schon heute viel Spaß!

Birgit Mayer

Wie der Schwarzwald wurde, was er ist.

Dreiundzwanzig in sich geschlossene Kapitel führen Sie und Ihre Familie im folgenden zu Ausflügen in den Südschwarzwald. Wer „Mit Kindern im Nordschwarzwald – Auf den Spuren von Flößern, Waldbauern und Rittersleuten" schon einmal unterwegs war, weiß bereits vieles über den Natur- und Erholungsraum Schwarzwald. Einiges ist jedoch in seinem südlichen Teil ein bißchen anders. Was wie zusammenhängt, wie die einzelnen Kapitel sich in diesem Band zu einem großen Bild dieses beliebten Erholungsraumes zusammenfügen, ist nachfolgend skizziert.

Die landläufige geographische Einteilung gliedert den Schwarzwald in drei Abschnitte: den nördlichen, den mittleren und den südlichen Teil. Die Grenze zwischen Nordschwarzwald und mittlerem Schwarzwald verläuft dabei entlang der Wasserscheide von Rench, Murg und der Kinzig; den mittleren und südlichen Schwarzwald trennt eine gedankliche Linie durch das Höllental, die dann nach Norden in den Raum um St. Georgen abbiegt. Die vorliegenden Familienausflugsbücher stellen – thematisch bedingt – das Mittelgebirge in zwei Bänden dar: Band 1 behandelt den Nordschwarzwald und den nördlichen Teil des mittleren Schwarzwalds; Band 2 behandelt den südlichen Teil des mittleren Schwarzwalds und den Südschwarzwald.

Als geschlossenes Waldgebirge von rund 6 000 Quadratkilometer (das sind 17% der Fläche des Landes Baden-Württemberg) führt der Schwarzwald seit frühen Zeiten einen einheitlichen Namen. Vor vielen Millionen Jahren bildete der Schwarzwald zusammen mit den Vogesen und dem Rheingraben eine zusammenhängende Urlandschaft, die im Laufe der Zeit immer wieder von Meeren überflutet wurde. Das ließ auf dem Urgestein aus Gneis und Granit verschiedene Ablagerungen entstehen: Buntsandstein, Muschelkalk, Keuper und Jura (siehe Kapitel 18). Schließlich begann sich das Land zu heben, das Wasser ging zurück, und der Oberrheingraben brach ein. Da sich der südliche Teil des Schwarzwalds nun stärker hob als der nördliche Teil, findet man hier die höchsten Berge: den Feldberg (siehe Kapitel 14), den Belchen (siehe Kapitel 4 und 5) und den Kandel (siehe Kapitel 1).

Die letzte Periode, die alle Landschaften noch einmal in großem Maßstab überformte, war die vor 10 000 Jahren zu Ende gehende Eiszeit (das Pleistozän). Die sichtbarsten, auch für Laien deutlich erkennbaren Spuren ihres Wirkens sind die dabei entstandenen Seen: Feldsee (siehe Kapitel 14) sowie Titisee, Schluchsee und Windgfällweiher (siehe Kapitel 11). Sogar die Voraussetzungen für den Todtnauer Wasserfall wurden damals bereits geschaffen (siehe Kapitel 13).

Bald danach fingen Wälder an, den ganzen Schwarzwald zu bedecken. Sie entwickelten sich zu undurchdringlichen Urwäldern, die unwegsam und voller Raubtiere (siehe Kapitel 5) von den Menschen lange Zeit gemieden wurden. So blieben die Kelten, die etwa seit 500 vor Christus im Oberrheingebiet seßhaft wurden, vorerst nur in den waldfreien Randgebieten und offenen Talauen (siehe Kapitel 19). Selbst die Römer, die dem Schwarzwald seinen Namen ("silva nigra") gaben, mieden ihn zuerst. Sie unterhielten nur entlang der wichtigsten Straßen Kastelle und Lagerdörfer (siehe Kapitel 22).

Ansätze zu einer intensiveren Besiedlung machten erst die Alemannen ab 260 nach Christus. Doch auch sie blieben eher an verkehrsgünstigen Stellen am Rande des Waldes. Solche „altbesiedelten" Orte kann man übrigens heute noch an der Namensendung auf -ingen oder -heim erkennen. Das Innere des Schwarzwalds dagegen blieb nach wie vor unberührt. Erst ab dem 8. Jahrhundert drangen Menschen dorthin vor. Vorposten waren die Klöster. Sie, allen voran St. Blasien (siehe Kapitel 9), veranlaßten die Rodung und Urbarmachung engerer und weiterer Waldgebiete ihrer Umgebung. Sie vergaben nämlich an die Waldbauern, die „Hotzen" (siehe Kapitel 8), größere Hofstellen und für einen bestimmten Zeitraum auch die Freiheit von Steuern und Abgaben. Doch die Böden waren oft schlecht, karg und im südlichen Hotzenwald sogar verkarstet (ähnlich wie die Schwäbische Alb). Sichtbares Zeugnis der Verkarstung ist die „Erdmannshöhle" mit ihren schönen Tropfsteingebilden (siehe Kapitel 7).

Die letztendliche Erschließung des Schwarzwalds wurde von den adligen Grundherren organisiert. Der unbesiedelte Wald war nämlich Königsland und vom König dem Hochadel als Lehen zugeteilt. Deshalb lag den Adligen daran, es zu nutzen und durch neue Bauernstellen größere Abgaben zu erhalten. Das bedeutendste Hochadelsgeschlecht, das seinen Einfluß im mittleren und südlichen Schwarzwald entfaltet hat, waren die Zähringer. Die ursprünglich landlosen Zähringer verdankten ihre politische Macht über den Schwarzwald der Gründung von „Märkten", die allesamt eine einheitliche Gesamtplanung der Stadtanlage aufwiesen: Entlang eines vorhandenen Handelsweges breitete sich – ausgehend von der Burg oder dem Hof des Herrschers – der langgestreckte Markt aus, an dessen Seiten sich die möglichst gleichmäßig parzellierten Hofstellen reihten. Freiburg (siehe Kapitel 2), Bräunlingen (siehe Kapitel 18) und Villingen (siehe Kapitel 19) lassen dies noch deutlich erkennen.

Manchmal erfolgte die Besiedlung aber auch aufgrund rein wirtschaftlicher Gegebenheiten, so zum Beispiel am Schauinsland (siehe Kapitel 3), wo es ursprünglich einmal reiche Erzlagerstätten gab, oder im Münstertal (siehe Kapitel 4), wo man noch heute allenthalben auf aufgelassene Gänge ehemaliger Bergwerke stößt.

Um Erze an Ort und Stelle verhütten zu können, bedurfte es großer Mengen Holz. Der Waldverbrauch war deshalb immens. Noch immer zeugen die kahlen Flächen des Schauinsland davon. Ein anderes stark „holzfressendes" Gewerbe waren die Glashütten. Ganz am Anfang verbrauchte man zwei Kubikmeter Holz, um ein Kilogramm Glas herzustellen. Glashütten lagen deshalb meist mitten im Wald, „Glasträger" brachten das Glas dann von dort zu den Märkten. Es waren übrigens gerade diese Glasträger, die im 17. Jahrhundert Holzuhren im Tausch gegen ihr zerbrechliches Gut zurückbrachten. Erst durch die Nachahmung dieser Vorbilder wurde die Uhrenindustrie zwischen Schönwald und Furtwangen geboren (siehe Kapitel 20). Neben dieser entwickelte sich um 1900 eine feinmechanische Industrie, auf die unter anderem der in Waldkirch ausgeübte Orgelbau zurückgeht (siehe Kapitel 1). Das Ende der allermeisten Glashütten kam im 19. Jahrhundert durch die moderne industrielle Produktion. In Todtnau (siehe Kapitel 13) hat man dieses Handwerk jedoch bewahrt; dort kann man auch heute noch einem Glasbläser bei der Arbeit zuschauen.

Zum Holzverbrauch durch die bereits genannten vorindustriellen Gewerbe kam die Verarbeitung von Holz zu Möbeln, zu Geräten und Werkzeugen. In Bernau kann man darüber (siehe Kapitel 12) einiges erfahren. Vergessen wird heute oft der riesige Bedarf von Heizmaterial in den meist langen und harten Gebirgswintern sowie der nicht unerhebliche Bedarf an Bauholz. Viele Höfe waren damals fast ganz aus Holz gebaut – von den Dielen bis hinauf zur mehrfachen Lage von hölzernen Dachschindeln.

Eines trat so zum anderen, weshalb man im 17. Jahrhundert plötzlich der Tatsache ins Auge sehen mußte, daß mittlerweile fast der gesamte Schwarzwald mit seinen früher unermeßlich scheinenden Urwäldern kahlgeschlagen war. An seine Stelle setzte man nun „Forste": planmäßig bepflanzte und gehegte Waldstücke. Der heute wieder zu mehr als der Hälfte bewaldete Schwarzwald wurde so allmählich zur freundlichen, offenen und abwechslungsreichen Landschaft, als die wir sie kennen. Seit seine Nutzung als Ferien- und Erholungslandschaft im Vordergrund steht, gibt es in diesen Forsten überall gekennzeichnete Wege, Hütten, Feuerstellen und Grillplätze. Doch

11

durch diese Übernutzung droht neue Gefahr. Waldlehrpfade informieren deshalb über die Lebensgemeinschaften von Pflanzen und Tieren, um das Bewußtsein für das komplizierte Gefüge des Waldes zu schärfen. Auf neue, ansprechende und kurzweilige Art versucht man dies besonders auf den Waldlehrpfaden bei Zell im Wiesental (siehe Kapitel 6) und Höchenschwand (siehe Kapitel 9).

Noch scheint der Schwarzwald – auf den ersten Blick zumindest – überall herrliche und intakte Natur zu bieten. An uns allen liegt es, zu ihrer Erhaltung beizutragen. Dazu gehört es auch, Reste unterwegs verzehrter Speisen nirgendwo zu hinterlassen. Der Schutz des Schwarzwalds als Kulturraum muß aber auch die Bewahrung von Tradition und Brauchtum umfassen. Trotz der vorher genannten Gefahr einer Übernutzung profitiert der Schwarzwald andererseits von Urlaubern und Ausflüglern, weil sie dazu beitragen, daß Schwarzwaldhäuser, Schwarzwälder Trachten und nicht zuletzt die weite Teile des Schwarzwalds erschließenden Dampfzüge vor dem endgültigen Verschwinden bewahrt werden.

Das Schwarzwaldhaus – ein sogenanntes Einhaus, das unter einem ausladenden, gegen die Witterung schützenden Dach Wohn-, Wirtschaftsteil und Stall vereinigt – ist längst eines der werbewirksamsten Bilder für den Schwarzwald geworden. Das erhöht den Reiz, einmal eines von innen zu sehen. In diesem Band gibt es viele Hinweise auf Bauernhof-Museen. Denn obwohl ihnen allen die gleiche verbindende Idee zugrunde liegt, ist jedes den Eigenheiten seiner landschaftlichen Umgebung, der Wirtschaftsweise und den Lebensumständen seiner Bewohner angepaßt. Deshalb ist jedes wieder ein bißchen anders und jedes lohnt einen Besuch: der Schniederlihof (siehe Kapitel 3), der Klausenhof (siehe Kapitel 8), der Resenhof (siehe Kapitel 12), das „Heidenhaus" von Maria Hoch oder der Reinertonishof (beide siehe Kapitel 20) und sogar das „Hüsli" (siehe Kapitel 10).

Die Trachten, ursprünglich einmal die Kleidung der Schwarzwaldbewohner schlechthin, waren nach und nach sogar als Festtracht verschwunden. Heute kann man sie hin und wieder bei Hochzeiten, gelegentlich auch beim sonntäglichen Kirchgang sehen.
Und die Dampfzüge? Sie sind nicht nur nostalgische und reizvolle Abwechslung zum Auto, sie machen sogar ein Stück weit davon unabhängig. Mit den Bahnfahrten auf den landschaftlich schönen Strecken (siehe Kapitel 23) lassen sich nämlich lohnende Ziele und Streckenwanderungen verknüpfen: eine Möglichkeit, die man sonst wegen des organisatorischen Mehraufwandes meist scheut.

Schwarzwaldhaus

Vieles könnte man noch anmerken, doch sicher brennen jetzt die meisten von Ihnen auf den ersten Ausflug. Jeder ist spannend, informativ und erlebnisreich, da ist es egal, wo es einen zuerst hinzieht, wo man beginnt ...

1 Tal, Berg, Stadt und Burg

Durchs Glottertal über den Kandel nach Waldkirch und Sexau

Eine Rundfahrt zur Einstimmung auf Ausflüge und Wanderungen im südlichen Schwarzwald? Das ist sicher keine schlechte Idee, vorausgesetzt sie erschöpft sich nicht im Fahren als Selbstzweck, sondern führt – ebenso wie alle anderen Ausflüge – von Ziel zu Ziel. Lohnende Ziele gibt es auf dieser Rundfahrt mehr als genug.

Am besten beginnt man diesen Ausflug im **Glottertal**. Die Gemeinde Glottertal zählt zu den ältesten Siedlungsgebieten im Breisgau. Bislang war das gleichnamige Tal nicht nur seines milden Klimas und seines Weines wegen bekannt, sondern auch dafür, daß man hier sonntags noch Trachten sehen kann. Seit die Fernsehserie „Schwarzwaldklinik" in der Kurklinik der Landesversicherungsanstalt gedreht worden ist, hat sich das Glottertal zum Wallfahrtsort vieler Fans entwickelt. Parkplätze nehmen die Besucherströme im Dörfle beim Freibad auf. Besser ist es, bei der Eichberghalle zu parken. Dann kann man einen schönen Spaziergang zur Kurklinik an den Weinbergen entlang mit Blick übers ganze Tal machen.

Danach fährt man durch das sich allmählich verengende Tal nach oben zum **Kandel**, auf dem nach alten Schwarzwaldsagen die Hexen ihren Tanzplatz haben sollen. Wer sich seinem Gipfel nicht im Auto, sondern zu Fuß nähern will, nimmt am besten den an der Straße gelegenen Wanderparkplatz „Linie" als Ausgangspunkt. Von den vier Rundwegen mit drei bis acht Kilometer Länge führt eine sieben Kilometer lange, bequeme Wanderung zum Kandel. An klaren Tagen, vor allem im Herbst und Winter, bietet sich vom Gipfel des Kandel ein weiter Ausblick. Eine Orientierungstafel in der Steinpyramide am höchsten Punkt des Gipfels hilft, die umliegenden Berge zu identifizieren: den Brend (siehe Kapitel 20), den Feldberg und den Seebuck (siehe Kapitel 14), den Belchen, den Kaiserstuhl (siehe Kapitel 23), die Vogesen sowie die Berge des Nordschwarzwalds: Hornisgrinde, Brandenkopf und Schliffkopf.

Als Alternative für diejenigen, die ihren Wagen erst auf dem großen Parkplatz direkt unterhalb des Gipfels abstellen, sei der 1,8 Kilometer lange Gipfelrundweg erwähnt.

Neben dem Berghotel haben die Drachenflieger eine Rampe. Hier kann man aus allernächster Nähe beobachten, wie die Fluggeräte startklar gemacht werden und wie die Drachenflieger Anlauf nehmen, abheben und schließlich wie selbstverständlich schweben und ihre Kreise ziehen. Kleinere Kinder, die für das minutenlange Warten der Drachenflieger auf den richtigen Wind noch nicht so viel Geduld aufbringen, sind auf dem benachbarten Spielplatz gut aufgehoben.

Drachenflieger am Kandel

Fährt man schließlich den Berg hinunter, gelangt man direkt nach **Waldkirch**. Waldkirch ist eine propere kleine Stadt, deren Anfänge auf das 918 gegründete Frauenkloster St. Margaretha zurückgehen, das bis 1430 bestand und danach noch bis 1806 Chorherrenstift war.

Im *Schwarzwaldzoo* in Waldkirch werden ausschließlich heimische und europäische Tiere gezeigt, auch solche, die in freier Natur bereits ausgestorben oder stark gefährdet sind. Im bewaldeten Bereich des Zoos, bei den Gehegen von Hirschen und Rehen gibt es außerdem einen Vogellehrpfad, auf dem man manches über die verschiedenen

1

Waldkirch

Nistmöglichkeiten und die Ansprüche der Vögel an ihre Lebensräume erfahren kann. Besonders beliebt ist natürlich der Streichelzoo, wo Kinder direkten Kontakt zu Ponys, Eseln, Zwergziegen und Schafen bekommen können.

Auf dem Weg zurück zur Stadtmitte liegt im ehemaligen Probsteigebäude das *Elztalmuseum*. Auf drei Stockwerken zeigt es viel Wissens- und Sehenswertes aus der Regionalgeschichte. Von besonderem

Reiz ist dabei die Sammlung mechanischer Instrumente aus dem Waldkircher Orgel- und Orchestrionbau.

Auch eine Burg gehört noch zu den Sehenswürdigkeiten Waldkirchs. Es ist die auf dem Sporn über der Stadt liegende, um 1250 von den Schwarzenbergern erbaute *Kastelburg*, die als das Musterbeispiel einer mittelalterlichen Burganlage gilt. Sie ist nur zu Fuß zu erreichen. Ein markierter, aber recht steiler Weg führt vom Bahnhof aus hinauf.

Für Burgenfans bietet die nähere Umgebung aber noch Tolleres. Ein kleiner Abstecher nach Nordwesten hinter den kleinen Ferienort *Sexau* bringt einen zur **Ruine Hochburg**. Nach Heidelberg ist sie die größte Ruine Badens und mehr als beeindruckend. Mitte des 11. Jahrhunderts wurde die Hochburg zum ersten Mal erwähnt. Über vier Bauperioden hinweg wurde sie von den Markgrafen von Baden erweitert und ausgebaut. Im 17. Jahrhundert kam ein mächtiger Bastionsring dazu, ehe sie 1689 durch die Franzosen zerstört wurde. Heute sind noch erhalten: der Ringgraben, die Tore und viele dicke Gemäuer der Wohn- und Nebengebäude, die zu Erkundungen und Ritterspielen verlocken. Wie im Flug vergeht hier oben die Zeit. Da mehrere Grillstellen vorhanden sind, läßt sich der restliche Nachmittag wunderschön im Burggelände verbringen.

Wie kommt man ins Glottertal?
A 5, Ausfahrt Freiburg-Nord, dann angeschrieben.
Ab Freiburg-Mitte die B 3 in Richtung Denzlingen, dann rechts in Richtung Glottertal.

Weglänge: 7 km, Alternative 1,8 km

„Schwarzwaldklinik" im Glottertal
Die „Schwarzwaldklinik", eigentlich Kurgebäude der LVA, ist nur von außen und in gehörigem Abstand zu besichtigen, um den Kurgästen Ruhe zu garantieren.

Schwarzwaldzoo in Waldkirch
Am Buchenbühl (nahe den Kuranlagen; ab der Innenstadt von Waldkirch ausreichend beschildert)

Öffnungszeiten:	April bis September täglich	9.00 – 18.00 Uhr
	Oktober und November täglich	9.00 – 17.00 Uhr
	16. Februar bis 31. März täglich	9.00 – 17.00 Uhr
	(Kassenschluß je eine Stunde früher)	

| *Eintritt:* | Erwachsene | DM 5,00 |
| | Kinder (6 bis 14 Jahre) | DM 2,00 |

Auskünfte: Telefon 0 76 81/89 61 oder
über die Tourist-Information
Telefon 0 76 81/40 41 06
Telefax 0 76 81/40 41 07

Elztalmuseum
Regionalgeschichte und Orgelbau (vom Schwarzwaldzoo Richtung Innenstadt kommt man direkt daran vorbei).

Öffnungszeiten:	Sommersaison (Ostersonntag bis 31. Oktober)	
	dienstags bis samstags	15.00 – 17.00 Uhr
	sonntags	11.00 – 16.00 Uhr
	Wintersaison (1. November bis Karfreitag)	
	mittwochs und freitags	15.00 – 17.00 Uhr
	sonntags	11.00 – 16.00 Uhr
Eintritt:	Erwachsene	DM 5,00
	Kinder	DM 1,00
	(Eintritt mittwochs um 15.00 Uhr mit Orgelvorführung: DM 8,00)	
Auskünfte:	Telefon 0 76 81/40 41 04	
	Telefax 0 76 81/2 55 62	
Adresse:	Kirchplatz 7, 79183 Waldkirch	

Wie kommt man zur Ruine Hochburg (Sexau)?
Von Waldkirch nach Sexau, dann zuerst in Richtung Freiamt, wenig später links in Richtung Windenreute. Dort ist der Aufgang zur Ruine durch einen riesigen Sandsteinritter markiert (Fußweg: knapp 15 Minuten, für Kinderwagen geeignet). Die Burg ist frei zugänglich.

Einkehrmöglichkeiten: Berggasthof Kandel
Berghotel mit Imbißtheke und Souvenirladen

Kartenempfehlungen:
1 : 75 000 RV 11461 Schwarzwald Mittelblatt
1 : 50 000 TOP Blatt 6 Kaiserstuhl, Freiburg, Feldberg
Kompass-Wanderkarten, Blatt 884 und 889

Über Bächle und durch Gäßle 2

Was es in Freiburg im Breisgau zu erkunden gibt

„Es gibt zwei Arten von Menschen – solche, die in Freiburg sind, und solche, die nach Freiburg möchten", kann man Freiburger scherzhaft sagen hören. Irgendwie ist aber etwas dran. Freiburg sei, sagt man ebenfalls, die Hauptstadt des Schwarzwalds. Tatsächlich ist Freiburg die südlichste Großstadt Deutschlands und zugleich eine dem Rheintal zugewandte, lebhafte Metropole. Trotzdem verfügt Freiburg über unglaublich viel Charme, dem schon Kinder erliegen. Wer's nicht glaubt, dem sei der folgende Rundgang empfohlen, der durch Gäßle an Bächle entlang durch den historischen Stadtkern an vielen Sehenswürdigkeiten und den verschiedensten Museen vorbeiführt, ein Stadtrundgang, den man schließlich vor den Toren der Stadt im Mundenhof bei allerlei Tieren ausklingen lassen kann.

Am besten nähert man sich der Stadt von Norden her durch die „Habsburger Straße" und sucht sich dort in Höhe der „Albertstraße" einen Parkplatz (Parkhaus „Rotlaubgarage", montags bis samstags 8.00 – 20.00 Uhr; sonn- und feiertags geschlossen; Parkuhren). Dort ist quer über den Gehweg in dem für Freiburg typischen Rheinkieselmosaik eine markante Linie gezogen: der 48. Grad nördlicher Breite. In der gemäßigten Mitte zwischen Nordpol und Äquator liegt also die Stadt, die wir nun eingehend erkunden wollen.

Dazu bleibt man zunächst am besten außerhalb des Stadtkerns und wendet sich nach links in die „Bernhardstraße", die direkt auf den *Stadtgarten* zuführt. Er macht seinem Namen insofern Ehre, als hier kein steriler Park zu finden ist, sondern ein öffentlicher Garten, in dem Menschen lagern, lesen oder gauklerische Tricks üben. Für Kinder gibt es an der südwestlichen Ecke zum „Leopoldring" hin einen herrlichen Spielplatz. Nur wenige Meter weiter ist die Talstation der *Schloßberg-Seilbahn*. Sie reicht zwar nicht weit hinauf, aber es macht trotzdem Spaß, mit ihr emporzuschweben. Oben am Restaurant „Dattler" geht man nach rechts den ebenen „Burghaldering" bis vor zum *Kanonenplatz*. Von hier bzw. von der knapp darüber gelegenen *Ludwigshöhe* mit ihren Orientierungstafeln hat man einen weiten Blick über Stadt und Münster zum Tuniberg und zum Kaiserstuhl – an klaren Tagen sogar bis zu den Vogesen. Zugleich erinnert der Kanonenplatz an die Zeit, als Freiburg – als „Freie Burg" 1120 von den Zähringern gegründet und 1677 durch den französischen Festungsbaumeister Vauban ausgebaut – eine der stärksten Festungen am Oberrhein war, ehe sie 1745 geschleift wurde.

Freiburg

Nun geht es bergab an einem kleinen Spielplatz vorbei und am Restaurant/Café „Greifenegg Schlößle" über einen Steg zum *Schwabentor* (um 1255), einem der beiden erhaltenen Stadttore. (Das andere ist das um 1210 errichtete Martinstor. Das Breisacher Tor dagegen stammt aus der Befestigung der Franzosen von 1677.)

Sommerfreuden in Freiburg

In die Straße „Oberlinden" einbiegend, hat man alles stadttypische mit einem Blick erfaßt: das Münster, die Gäßle und die Bächle. Man sollte nicht vergessen, links einen Blick auf den Gasthof „Bären" zu werfen, einen der ältesten Gasthöfe Deutschlands. Die Bächle, auf die man hier zum ersten Mal trifft, durchziehen die gesamte Altstadt. Sie zeugen vom hohen Standard der mittelalterlichen Stadt. 1246 erstmals erwähnt, hatten sie zwei Funktionen: nämlich Löschwasser für Brände in der Innenstadt stets parat zu haben, und – als Vorläufer der Kanalisation – die Gassen rein zu halten. Im Zuge der Renovierung und Neugestaltung des Stadtkerns besann man sich auf sie, öffnete die verdohlten Bächle wieder oder legte neue an. An heißen Sommertagen kühlen heute nicht nur Kinder ihre Füße gerne einen Augenblick lang darin ...

Schon ist das Augustinermuseum („Augustinerplatz", Ecke „Salzstraße") erreicht. Das 1300 erstellte Kloster wurde im 18. Jahrhundert barockisiert und enthält heute das größte Museum der Stadt. Es beherbergt vor allem Kostbarkeiten aus Freiburger Kirchen und Klöstern – natürlich auch aus dem Münster – aber auch Malerei und eine volkskundliche, dem Schwarzwald gewidmete Abteilung. Sein Haupteingang liegt zum „Augustinerplatz" hin, einem hübschen Platz, an dem auch die *Museen für Natur- und Völkerkunde,* mit sehenswerten Sammlungen zu finden sind. Es sei darauf hingewiesen, daß in ihnen ein lohnender Einblick in die regionale Geologie und Mineralogie sowie in die heimische Tier- und Pflanzenwelt zu gewinnen ist.

Nach links, an einem weiteren Spielplatz vorbei, gelangt man in die *Schneckenvorstadt* zur *„Insel".* Eine kleine Brücke vor der „Goldschmiede in der Ölmühle" führt über einen Gewerbekanal mit Wasser der Dreisam, den man für die Mühlen, die Edelsteinschleifereien und Gerber eingefaßt hat. Sie machten den Hauptteil des mittelalterlichen Gewerbes in Freiburg aus. Am *Museum für Neue Kunst* (Plastik und Malerei ab 1900 bis zur Gegenwart) in der ehemaligen Mädchenschule Adelhausen und weiter nach rechts am *Adelhauser Neukloster* vorbei, biegt man gleich darauf links in die *Fischerau* ein, wo früher die Fluß- und Wildbachfischer ihre Häuschen hatten.

Wenig später steht man am *Martinstor*. Man geht nun die „Kaiser-Joseph-Straße" – eine der Hauptstraßen der Stadt, die man noch zweimal queren wird – vor bis zum *Bertoldsbrunnen*. Der Brunnen ist, beginnend mit Bertold II., dem Erbauer der Burg, allen für die Stadt bedeutsamen Bertolden gewidmet. Links geht es anschließend an der *Alten Universität* vorbei. Bis auf die Höhe des *Stadttheaters* am „Rotteckring" geht es nun durch den neueren Teil der Stadt. Doch Bächle, Mosaike, Blumenkübel und die nostalgisch anmutende, rotweiße Straßenbahn prägen auch hier das Bild. Rechts den „Rotteckring" hinauf passiert man dann das *„Schwarze Kloster",* das seinen Namen von den schwarzgekleideten Ursulinerinnen herleitet. Heute beherbergt es die Volkshochschule und die Städtische Galerie. Ein Haus weiter ist die Stadtinformation zu finden. Links voraus im Colombipark steht das *„Colombischlößle",* eine im 19. Jahrhundert errichtete Villa, in der heute das *„Museum für Ur- und Frühgeschichte"* untergebracht ist.

2

Wer es nicht besichtigen will, wendet sich nach der Stadtinformation nach rechts in die „Turmstraße". Dort streift man die *Gerichtslaube*, das aus dem 13. Jahrhundert stammende älteste Rathaus Freiburgs, und gleich darauf sieht man am „Rathausplatz" das *Alte Rathaus* und das *Neue Rathaus*, die beide im 16. Jahrhundert erbaut wurden, ehe man am ehemaligen Franziskanerkloster vorbei auf das prächtige „*Haus zum Walfisch*" stößt. Nachdem man die „Kaiser-Joseph-Straße" überquert hat, kommt man nun am **Münster** an. Das aus rotem Sandstein erbaute Münster „Unserer lieben Frau" ist eine der wenigen großen gotischen Kirchen Deutschlands, die im Mittelalter angefangen und nach immerhin dreihundert Jahren Bauzeit auch vollendet wurden. Am Münster kann man deshalb vier verschiedene Bau- und Stilperioden von der Romanik bis zur Hochgotik sehen. Kunstgeschichtlich bedeutsam ist vor allem, daß nach dem Vorbild dieses Münsters der „einturmige Turmbau" allgemein anerkannt und nachgeahmt wurde. Der Turm mit seinem durchbrochenen filigranen Helm wurde etwa 1280 begonnen und um 1320 beendet. Den Turm zu besteigen sollte man sich keinesfalls entgehen lassen, nicht nur der Aussicht von oben wegen, die an Wochentagen vormittags einen zusätzlichen Reiz durch den Blick auf den bunten, lebhaften Bauernmarkt gewinnt, sondern auch weil es Spaß macht, den 116 Meter hohen Turm auf seinen engen, gewundenen, insgesamt 328 Stufen Tritt für Tritt zu erobern. Sehenswert sind hier oben auch die Turmwächterstube, die Uhr und der hölzerne Glockenstuhl mit den 13 Glocken, deren imposanteste die 1258 gegossene, 100 Zentner schwere „Hosanna" ist.

Durch das Turmportal, in dessen Vorhalle früher das Marktgericht tagte, betritt man dann den Innenraum des Münsters: einen typisch gotischen Raum. Die farbenprächtigen Glasgemälde an den Fenstern der Seitenschiffe stammen im wesentlichen aus der ersten Hälfte des 14. Jahrhunderts und sind von den Zünften der Stadt gestiftet worden. Im Zentrum des Hauptaltars ist eine Marienkrönung dargestellt, die als das bedeutendste Werk des Malers Hans Baldung Grien gilt.

Nach der Besichtigung des Innenraumes sollte man auch den Rundgang um das Münster nicht versäumen. Vor allem die Wasserspeier am Langhaus und am Chor, die als koboldhafte Figuren zugleich menschliche Gelüste und Schwächen darstellen, verdienen dabei Aufmerksamkeit. Auch die unmittelbare Umgebung des Münsters hat ihre Reize. Der „Münsterplatz" ist ringsum von schönen, historischen und stilecht rekonstruierten Häusern umgeben. Eines davon ist das „*Historische Kaufhaus*", das einem mit seiner roten, geschmückten Fassade gleich ins Auge fällt. Es wurde 1220 von der Stadt errichtet und diente samt seiner Arkadenvorhalle und seinem schönen Innenhof auswärtigen Kaufleuten als Stapel- und Verkaufsraum.

Schließlich verläßt man den „Münsterplatz" am Fischbrunnen vorbei durch die „Marktgasse". Wieder an der „Kaiser-Joseph-Straße" angelangt, wendet man sich nach rechts und kommt am *„Basler Hof"* vorbei. Nach der Reformation in Basel diente er zwischen 1587 und 1677 dem Basler Domkapitel als Exilresidenz; heute hat das Regierungspräsidium seinen Sitz darin.

Wenige Meter weiter beim *Siegesdenkmal* haben Findige längst erkannt, daß wir uns dem Ausgangspunkt des Stadtrundgangs nähern. Nur die breite „Ringstraße", die genau hier ihren Namen vom „Friedrich-" zum „Leopold-Ring" wechselt, gilt es noch zu queren.

Wer es nicht allzu eilig hat, sollte sich einen Abstecher zum **Mundenhof** nicht entgehen lassen. Er liegt fünf Kilometer nordwestlich der Stadt, an der Schnellstraße zur Autobahn, Ausfahrt Lehen. Dieses Stadtgut verfügt über ein 30 Hektar großes Gehege, welches täglich für jedermann frei zugänglich ist. Dort sind rotschopfig zottlige schottische Hochlandrinder, Zebus, Watussis und Wisente, aber auch Pferde, Esel, Kamele und anderes Getier zu sehen.

Wie kommt man nach Freiburg?
Mit dem PKW: Über die A 5, Ausfahrt Freiburg Mitte.
Mit der Bahn: Bahnhof Freiburg

Seilbahn im Stadtgarten
„Schloßberg-Seilbahn" Ecke Jacob-Burckhardstraße/Leopoldring

Öffnungszeiten:	Frühjahr/Herbst täglich	11.00 – 17.30 Uhr
	Sommer täglich	10.30 – 18.30 Uhr
	Juli/August täglich	10.30 – 19.30 Uhr
	Winter	auf Anfrage
Eintritt:	Erwachsene	DM 3,00
	Hin- und Rückfahrt	DM 5,00
	Kinder	DM 2,00
	Hin- und Rückfahrt	DM 3,50
	Kinderwagen und Hunde werden nach Möglichkeit mitbefördert.	
Auskünfte:	Telefon 07 61/3 98 55	

Augustinermuseum
Öffnungszeiten:	dienstags bis sonntags	10.00 – 17.00 Uhr
Eintritt:	Erwachsene	DM 4,00
	ermäßigt	DM 2,00

Der Eintritt gilt auch für das Museum für Stadt-
geschichte, Wentzinger Haus.
Auskünfte: Telefon 07 61/2 01-25 31
Adresse: Salzstraße 32, 79098 Freiburg

Museum für Stadtgeschichte
Öffnungszeiten: dienstags bis sonntags 10.00 – 17.00 Uhr
Eintritt: Erwachsene DM 4,00
ermäßigt DM 2,00
Der Eintritt gilt auch für das Augustiner-
museum.
Auskünfte: Telefon 07 61/2 01-25 15
Adresse: Wentzinger Haus, Münsterplatz 30,
79098 Freiburg

Museum für Naturkunde
Öffnungszeiten: dienstags bis sonntags 10.00 – 17.00 Uhr
Eintritt: frei
Auskünfte: Telefon 07 61/2 01-25 61
Adresse: Gerberau 32, 79098 Freiburg

Museum für Völkerkunde
Öffnungszeiten: dienstags bis sonntags 10.00 – 17.00 Uhr
Eintritt: frei
Auskünfte: Telefon 07 61/2 01-25 41
Adresse: Gerberau 32,
79098 Freiburg

Museum für Neue Kunst
Öffnungszeiten: dienstags bis sonntags 10.00 – 17.00 Uhr
Eintritt: frei
Auskünfte: Telefon 07 61/2 01-25 81
Adresse: Marienstraße 10a, 79098 Freiburg

Museum für Ur- und Frühgeschichte
Öffnungszeiten: dienstags bis sonntags 10.00 – 17.00 Uhr
Eintritt: frei
Auskünfte: Telefon 07 61/2 01-25 71
Adresse: Colombischlößle, Rotteckring 5,
79098 Freiburg

Münster
Turmbesteigung: vom rechten Seitenschiff aus
(beim Haupteingang rechts)
Öffnungszeiten: Mai bis September
montags bis samstags 9.30 – 17.00 Uhr
Oktober bis April
dienstags bis samstags 10.00 – 17.00 Uhr
Eintritt: Erwachsene DM 2,00
Schüler DM 1,00
Kinder (bis 12 Jahre) DM 0,50

Innenraum:
Öffnungszeiten: montags bis samstags 7.00 – 19.00 Uhr
Besichtigungszeiten: montags bis samstags 10.00 – 18.00 Uhr
sonntags 13.00 – 18.00 Uhr
(Besichtigung während der Gottesdienste untersagt) Führungen siehe jeweilige Anschläge.

Chorumgang:
Öffnungszeiten: Juni bis September
montags bis freitags 10.00 – 12.00 Uhr
und 14.30 – 17.00 Uhr
Eintritt: DM 1,00

Stadtführungen „Freiburg-KULTOUR"
Führungen zu verschiedenen Themen und Preisen
Auskünfte: Freiburg-Information, Rotteckring 14,
79098 Freiburg
Telefon 07 61/2 90 74 47
Telefax 07 61/2 90 74 49

Tiergehege Mundenhof (Freiburg-Lehen)
Das Tiergehege liegt fünf Kilometer nordwestlich der Stadt Freiburg an der Schnellstraße zur Autobahn, Ausfahrt Lehen.
Öffnungszeiten: 8.00 Uhr – Einbruch der Dunkelheit
Eintritt: frei

Einkehrmöglichkeiten: Restaurant Dattler (dienstags Ruhetag)
Restaurant/Café Greifenegg Schlößle

Kartenempfehlungen:
Stadtpläne Freiburg

Über den Wolken wandern 3

Rund um den Schauinslandgipfel

Der Schauinsland macht seinem Namen alle Ehre. An klaren Tagen schweift der Blick ins Rheintal, auf die jenseits des Rheins liegenden Vogesen, weit über den südlichen Schwarzwald und manchmal sogar bis zur Alpenkette der Schweiz. Für Kinder ist das natürlich nicht so spannend wie das, was sich sonst noch am Schauinsland unternehmen läßt: den Schniederlihof besuchen, ein in einem echten alten Schauinslandbauernhof eingerichtetes Museum, oder den Berg-Wildpark „Steinwasen" mit seinen Gehegen und seiner Sommerrodelbahn. Im Herbst, wenn der Schauinsland wie eine Insel aus den nebligen Tälern ragt, ist es nicht nur besonders schön hier oben, dann kann man auch herrlich Drachen steigen lassen. Kinder jeden Alters und Leute mit den unterschiedlichsten Interessen – hier oben können alle einen schönen, ausgefüllten und erlebnisreichen Tag verbringen.

Der **Schauinsland** gilt als der Hausberg Freiburgs, weshalb er ausnehmend gut erschlossen ist. Wer will, kommt sogar mit öffentlichen Verkehrsmitteln hin: mit der Straßenbahn von der Innenstadt Freiburgs bis Günterstal und einem Zubringerbus (Richtung Horben) bis zur Talstation der Seilbahn. Die *Seilbahn*, die in etwa 15 Minuten zur Bergstation emporschwebt, bietet nicht nur Aussicht in die Umgebung, manchmal sieht man sogar an den Hängen unter ihr Gemsen stehen. Durch die günstige Familienermäßigung wird die Fahrt ein erschwingliches Vergnügen, ein schöner Auftakt in den Ausflug.

Von der Bergstation in 1 220 Metern Höhe gehen alle Wege ab. Alles ist nur einen „Katzensprung" entfernt. Natürlich drängen sich hier wie auf dem 2,3 Kilometer langen, bequemen Panoramarundweg die Leute. Nur ein kleines Stück davon entfernt kann man jedoch selbst am Sonntagnachmittag fast alleine unterwegs sein, ein Grund mehr, die folgende hübsche Wanderung anzugehen. Sie führt über Gießhübel nach Hofsgrund zum Schniederlihof, weiter zum Engländer-Denkmal und von dort über den Aussichtsturm am Schauinslandgipfel zurück zum Ausgangspunkt.

Ausgangspunkt ist wie gesagt die *Bergstation der Schauinsland-Seilbahn* bzw. der dort befindliche Parkplatz. Geradeaus an Kuhweiden und dem tiefer gelegenen *Hofsgrund* vorbei geht man dem *roten Punkt* nach in Richtung *Gießhübel*. Nach dem Überqueren der Straße führt der Weg in den Wald, erst eben, dann stetig bergab und schließlich vor ein paar Häusern links eine Wiese hinunter. Das ist Gießhübel – der gleichnamige Gasthof, wo sich eine erste Gelegenheit zur Rast bietet. Zugleich ist damit der westlichste Punkt der

27

3

Wanderung erreicht, die nun nach Nordosten führt. Deshalb wechselt auch die Markierung. Das neue Zeichen, die *blaue Raute*, findet sich zum ersten Mal bei der Schranke am Parkplatz Gießhübel. Ein hübscher Weg zieht sich lange Zeit fast eben, dann sachte ansteigend und gut ausgeschildert an Weiden entlang. Von dieser Höhe aus hat man – gleich nach der Überquerung der zum Wildpark führenden Straße – einen weiten Blick auf die andere Talseite. Besonders schön sieht man von hier aus den Gipfelbereich des Feldbergs. Deutlich kann man Aussichtsturm und Wetterwarte ausmachen. Wer dort oben (auf dem Feldberg) noch nicht gewandert ist, bekommt vielleicht Lust, es an einem der nächsten Tage zu tun (siehe Kapitel 14). Die Wiesen rechts hinunter sind an Herbstwochenenden ein echtes Drachenparadies. Drachen aller Bautypen sind dort zu sehen. Gut, wenn man das weiß und den eigenen Drachen dabei hat.

Weiter geht es nun nach Hofsgrund. Der schnellste Weg führt relativ steil und unmarkiert an den Masten des Skilifts Roßhang entlang hinunter. Ansonsten muß man in Richtung Hotel Halde ein Stück der Straße entlanggehen. (Das ist länger und lohnt nicht!). **Hofsgrund** war ursprünglich eine Bergmannssiedlung, die schon im 12. Jahrhundert gegründet worden ist. Soweit reicht nämlich der Bergbau am Schauinsland zurück. Wie reich das Silbererz-Vorkommen war, dafür sind die zwei von den Bergleuten des Schauinsland gestifteten Glasfenster des Freiburger Münsters ein sichtbares Zeichen. Über Jahrhunderte hinweg reichte der Abbau – erst nur von Blei und silberhaltigen Erzen, zuletzt auch von Zinkblende – mit mehr oder weniger langen Unterbrechungen und wechselnden Erfolgen bis 1954. Die weiten Kahlflächen des Berges sind – im Gegensatz zum Feldberg – nicht durch Überweidung entstanden, sondern weil man das Holz zum Verhütten der Erze brauchte.

Am Ortsrand von Hofsgrund hält man sich links zur Kirche hin, die man oberhalb des kleinen Friedhofs passiert. Bereits hier weisen Schilder zum Schniederlihof, der dann auch rasch erreicht ist. Wer mit diesem Büchlein im südlichen Schwarzwald unterwegs ist, wird noch zu einigen solchen Bauernhofmuseen geführt werden. Doch keine Bange, jedes ist wieder ein bißchen anders, weil jede Region die Grundidee des Schwarzwaldhauses nach ihren Bedürfnissen abwandelte.

Der **Schniederlihof** nun ist ein typisches Schauinslandhaus. Als solches liegt es firstparallel zum Hang. Es ist wie die anderen Schwarzwaldhäuser ein Einhaus, in dem Wohn-, Wirtschaftsräume und Stall unter einem Dach liegen. Nur sind die Eingänge hier für Mensch und Tier nach der Schönwetterseite, also nach Osten ausgerichtet.

Hofsgrund mit Blick zum Schauinsland

Der Hof liegt in 1 050 Meter Höhe, da konnten weder Getreide noch Kartoffeln gepflanzt werden. Also lebte man ausschließlich von der Vieh- und Milchwirtschaft. Die Milch wurde zu den kleinen „Hofsgrunder Käsle" verarbeitet, wie sie nachweislich bereits im 16. Jahrhundert in Freiburg auf dem Markt verkauft wurden. Die Model dazu, wie alle Geräte und Gerätschaften für Haus und Hof, wurden vom Bauern den Winter über selbst hergestellt. Wie es damals zuging, wie das Leben hier oben ablief, all das erfährt man auf der rund 40 Minuten langen Führung. Das Haus wurde 1593 erbaut, bis 1946 bewirtschaftet und in Zusammenarbeit mit dem Denkmalamt 1972 als Museum zugänglich gemacht.

Unmittelbar hinter dem Hof geht ein Pfad ab, der sich in Serpentinen den Hang nach oben zum Schauinslandgipfel emporzieht. Unterwegs passiert man das *Engländer-Denkmal*, ein monumentales Steingebilde zur Erinnerung an fünf junge Engländer, die hier im April 1936 in einem nächtlichen Schneesturm umkamen. Daß solche Stürme hier oben nicht selten sind, davon zeugen übrigens die für den Schauinsland so charakteristischen, bizarren Wetterbuchen.

Schließlich mündet der Weg in den vielbegangenen *Panoramaweg* ein. Fast in der Mitte des kurzen Rundwegs steht man vor der Frage, ob man direkt zur Bergstation zurück oder die geringfügig längere Strecke über den Gipfel wählen soll, was bei schönem Wetter zu empfehlen ist. Schon unterwegs lohnt sich der Ausblick nach allen Seiten, von der Plattform des jederzeit und kostenlos zugänglichen Aussichtsturms erst recht. Am Fuß des nach Eugen Keidel, dem inzwischen verstorbenen früheren Oberbürgermeister und Ehrenbürger der Stadt Freiburg, benannten Turms steht eine Orientierungstafel, die Gesehenes einzuordnen hilft, ehe man das letzte Wegstück der Wanderung zur Bergstation der Seilbahn zurücklegt.

Wer noch Lust und Zeit hat, kann einen Besuch im **Berg-Wildpark „Steinwasen"** anhängen. In einem rund 40 Hektar großen Park leben größtenteils frei Gemsen, Dam- und Rotwild. Nur die Wildschweine oder Raubtiere wie Wölfe und Luchse mußten notwendigerweise abgetrennt werden. Fast allen anderen Tieren kann man auf dem drei Kilometer langen, gut begehbaren Rundweg „wild" begegnen. Ein Uferweg führt um den See, an dem viele Wasservögel leben. Ein hübscher Spielplatz und zwei Sommerrodelbahnen von je 750 Metern Länge, zu deren Bergstation man per Sessellift gelangt, ergänzen das Angebot. Auch wer bereits glaubte, vom Wandern müde geworden zu sein, wacht da noch einmal auf.

Übrigens können selbst Eltern mit kleineren oder ganz kleinen Kindern den Ausflug auf den Schauinsland machen. Der Gipfel ist auf dem 2,3 Kilometer langen Panoramaweg bequem und problemlos zu umrunden. Der Anmarsch zum Schniederlihof läßt sich bis auf einen kleinen, fast eben zu gehenden Fußweg verringern, und der Berg-Wildpark hat einen Parkplatz im unmittelbaren Zugangsbereich.

Wie kommt man zum Schauinsland?
Von Freiburg aus in Richtung Horben (ausgeschildert) bis zum Parkplatz an der Bergstation der Schauinsland-Seilbahn.
Mit dem Bus: Freiburg bis zur Talstation der Schauinsland-Seilbahn.

Schauinsland-Seilbahn

Öffnungszeiten:	1. Mai bis 31. Mai und 15. September bis 31. Oktober	9.00 – 17.00 Uhr
	1. Juni bis 14. September	9.00 – 18.00 Uhr
	1. November bis 30. April	9.30 – 17.00 Uhr
	laufender Betrieb, Abfahrt nach Bedarf	
Preise:	einfache Fahrt:	
	Erwachsene	DM 13,00
	Familientarif	DM 26,00
	Berg- und Talfahrt:	
	Erwachsene	DM 20,00
	Familientarif	DM 40,00
	Familientarif: 2 Erwachsene und 1 bis 4 Kinder, die durch Vorlage des Familienpasses als die eigenen ausgewiesen werden und 6 und 14 Jahre alt sind	
Auskünfte:	Telefon 07 61/29 29 30	
Wetteransage:	Telefon 07 61/1 97 03	

Schniederlihof
Wie kommt man hin?
Per PKW fährt man über die Schauinslandstraße L 114 nach Hofsgrund. Per Bahnbus ab Freiburg Hauptbahnhof über Hinterzarten bis „Hofsgrund-Plätzle".

Öffnungszeiten:	Mai bis Oktober	
	samstags, sonn- und feiertags	10.00 – 17.30 Uhr
	im September zusätzlich dienstags und donnerstags	13.30 – 17.30 Uhr
	im Oktober zusätzlich dienstags	10.00 – 17.30 Uhr
	in den Ferienmonaten Juli/August täglich	10.00 – 18.00 Uhr
	letzte Führung jeweils	17.00 Uhr
Eintritt:	Erwachsene	DM 4,00
	Kinder (6 bis 16 Jahre)	DM 2,00
Auskünfte:	Telefon 0 76 02/4 48 (Schniederlihof) oder Telefon 0 76 61/93 05 66 (Verkehrsbüro Oberried)	

Berg-Wildpark „Steinwasen"
Wie kommt man hin?
Per PKW über die Schauinslandstraße L 194 bis nahe Oberried.

Öffnungszeiten:	Mai bis September	9.00 – 18.00 Uhr
	ab 1. Oktober, je nach Wetterlage,	
		10.00 – 17.00 Uhr
Eintritt:	Erwachsene	DM 5,50
	Schüler	DM 5,00
	Kinder (4 bis 14 Jahre)	DM 4,00
Auskünfte:	Telefon 0 76 71/4 51 oder 12 52	

Sessel- und Sommerrodelbahn

Fahrpreise:	Einzelfahrten:	
	Erwachsene	DM 5,00
	Kinder bis 14 Jahre	DM 4,00
	Erwachsene und 1 Kind	
	(bis 8 Jahre)	DM 7,50

Mehrfahrtenkarten sind günstiger, übertragbar und für die ganze Saison gültig.

Einkehrmöglichkeit: Gasthof Gießhübel (montags Ruhetag)

Kartenempfehlungen:
1 : 75 000 RV 11462 Schwarzwald Südblatt
1 : 50 000 TOP Blatt 8 Kaiserstuhl, Freiburg, Feldberg

Und wenn die Sonne mal nicht scheint? 4

Ein Tag im Münstertal

Einen Fluß Münster hat es nie gegeben. Aber es gab eine Stadt namens Münster. Sie wurde jedoch im 14. Jahrhundert von den Freiburgern, denen sie als Konkurrenz zu mächtig wurde, völlig zerstört. Geblieben sind viele Einzelhöfe, kleine Weiler und winzige Orte, die sich zur Gesamtgemeinde Münstertal zusammengeschlossen haben. In den einzelnen Ortsteilen gibt es ein kleines Waldmuseum, einen Kohlenmeiler, der drei- bis viermal pro Jahr abgebrannt wird, das erste Bienenkundemuseum in Baden-Württemberg und – als interessantesten Punkt – das Besuchsbergwerk Teufelsgrund, das man mit Helm und Pullover versehen auf eigene Faust erkunden kann. Möglichkeiten, einen Tag, an dem die Sonne einmal nicht lacht, schön und interessant zu gestalten, gibt es also genug. Trotzdem ist es natürlich auch im Münstertal am schönsten, wenn das Wetter wenigstens so weit mitmacht, daß man seine Besichtigungen mit einer Wanderung verknüpfen kann – vor allem, weil man hier unterwegs noch viel über den einst für den Schwarzwald so wichtigen Bergbau erfahren kann.

Das Münstertal, heute ein beliebtes Wandergebiet, ist eine alte Kulturlandschaft. In verschiedenen Museen können sich seine Besucher ein Bild davon machen, wie man früher im Schwarzwald gelebt hat. Eine Rolle hat dabei natürlich immer die Waldnutzung gespielt. Ein kleines **Waldmuseum** im Erdgeschoß des Rathauses im Ortsteil Untermünstertal zeigt deshalb verschiedene Holzarten, alte Geräte der Waldarbeiter sowie die Miniaturausführung eines Kohlenmeilers. Münstertal ist übrigens eine der wenigen Gemeinden, in der noch ein Köhler lebt. Drei- bis viermal im Jahr gibt es deshalb die Gelegenheit, beim Abbrennen eines Meilers dabei zu sein.

Auch die Imkerei ist bis heute im Schwarzwald weit verbreitet. Im ehemaligen Rathaus in **Spielweg** gibt es ein **Bienenkunde-Museum**. In sieben Räumen mit lebenden Bienen und unzähligen Ausstellungsstücken aller Art erfährt man, was Bienen und Menschen arbeiten müssen, damit man morgens sein Honigbrot zum Frühstück essen kann!

Am interessantesten ist mit Sicherheit das **Besuchsbergwerk Teufelsgrund**. Der erste gesicherte Nachweis, daß im Münstertal Bergbau betrieben wurde, stammt aus dem 9. Jahrhundert. Es gilt jedoch als sicher, daß seine Anfänge bis ins 8. Jahrhundert zurückgehen. Zunächst wurde nach Silber gesucht. Sein Abbau florierte auch ganz gut, bis er schließlich in den Wirren des Dreißigjährigen Krieges zum Erliegen kam. Erst zu Beginn des 18. Jahrhunderts wurden einige

Besuchsbergwerk Teufelsgrund

Gruben erneut geöffnet, um Blei zu fördern. Später kamen Kupfer, Schwer- und Flußspat dazu, doch der Abbau wurde zunehmend teurer und unrentabler, bis er 1958 endgültig eingestellt wurde. Seit 1970 nun ist der „Teufelsgrund" Schaubergwerk.

Nach ein paar einführenden Dias gibt es für jeden einen Helm. Dann kann man auf eigene Faust, solange man Lust dazu hat, auf Erkundungsreise in den Stollen gehen. Doch der 500 Meter lange Friedrichsstollen ist feucht, und es tropft von der Decke. So kann es schon einmal vorkommen, daß ein Kind fragt, ob man nicht doch in einer Tropfsteinhöhle sei ... Alles in allem ist es schon spannend hier unten. Die weiten, gut ausgeleuchteten Hohlräume lassen ahnen, wie schwer und gefährlich die Arbeit war. Am Ende des Stollens befindet sich in einer Maschinenkammer, die fast 200 Meter unter Tage liegt, eine kleine Ausstellung von Werkzeugen und Geräten, die im Bergbau verwendet und von Mineralien und Materialien, die dort abgebaut worden sind.

Wer sich danach die Beine vertreten will, kann das tun, sobald er wieder ans Tageslicht kommt. Ein nur 3,5 Kilometer langer, jedoch sehr lohnender Spaziergang zum *Hädeleseck* beginnt am Parkplatz des Besuchsbergwerks und bietet Ausblicke über das Untermünstertal bis hinaus zur Rheinebene.

Eine andere Möglichkeit besteht darin, das Wissen um den hiesigen Bergbau noch zu vertiefen. Seit 1982 gibt es den **Geologisch-bergbaugeschichtlichen Wanderweg Münstertal**, einen Lehrpfad, der über den erdgeschichtlichen Werdegang der Lagerstätten und den Bergbau im Südschwarzwald informiert. Er besteht aus zwei Teilen: dem fünf Kilometer langen West- und dem zwölf Kilometer langen Ostweg, die unabhängig voneinander begangen werden können. Der längere Weg hat den Vorteil, daß er hier am Parkplatz des Besuchsbergwerks vorbeiführt. Vom Aufbau her sinnvoller ist es jedoch, ihn ebenso wie den Westweg ab dem Bahnhof Münstertal zu gehen, wo ebenfalls ausreichend Parkplätze zur Verfügung stehen.

Vom *Bahnhof* aus wenden sich Wanderer zunächst noch unabhängig von der Routenwahl in östlicher Richtung (ortsauswärts) dem Rathaus zu. Kurz vor ihm biegt man nach links in den „Laisackerweg" ab, dem man aufwärts bis hinter den Laisackerhof folgt. Dann erst gabeln sich die Wege.

Nach links geht der *„Westweg"* ab. Er führt am Mundloch des Laisackerstollens und an verschiedenen Aufschlüssen vorbei. Aufschlüsse sind Stellen an der Erdoberfläche, wo den Untergrund aufbauende Gesteine unmittelbar zutage treten. Es ist gut, wenn man ein Hämmerchen dabei hat. Dann kann man Proben seines neu erworbenen Wissens nach Hause tragen. Bald erreicht man eine Wassertretanlage und einen hübsch angelegten Kinderspielplatz. Etwas später sieht man auf den Ort Münstertal und das sich dahinter erhebende Belchenmassiv. Durchs *Diezelbachtal* steigt man beim Campingplatz zum Flüßchen Neumagen hinab, dem einzigen „männlichen" Schwarzwaldfluß. Nachdem man eine Straße überquert hat, geht es nach der Brücke über den Neumagen links, den *„Knappenweg"* in Richtung Ausgangspunkt zurück. Zuvor kommt man aber noch an einigen mehr oder weniger eindrucksvollen Zeugnissen früheren Bergbaus vorbei, die allesamt auf Tafeln erläutert werden.

Der *„Ostweg"* wendet sich an der Gabelung des Lehrpfads nach rechts, an einem Quarz-Porphyr-Steinbruch und dem Schwerthäldestollen vorbei zum **Kloster St. Trudpert**, dessen Klosteranlage als eines der bedeutendsten sakralen Bauwerke im südwestdeutschen Raum gilt. Es entwickelte sich aus einer Einsiedlerzelle des irischen Missionars Trudpert. Die prachtvolle Barockkirche wurde von Peter

Thumb gebaut. Gegenüber der kleinen Kapelle, die östlich der Kirche über der Gruft des Heiligen steht, befindet sich eine Quelle, die einst heilkräftig gewesen sein soll.

Dann geht es weiter. Vorbei an Aufschlüssen und Halden erreicht man das *Besuchsbergwerk Teufelsgrund*. Durch die Art, wie es zugänglich gemacht wurde, läßt es sich gut in die Wanderung einbeziehen, weil es eigentlich keine Wartezeiten gibt. Außerdem gibt es hier Erfrischungen, Souvenirs und Broschüren sowie einen Kiosk mit Gastraum. Fast am Ende der Wanderung liegt wenig später das historisch interessante Gasthaus „Neumühle zur Krone". Seit 1717 nutzte die durch das Kloster St. Trudpert gebaute Mühle die Wasserkraft des Baches. Zugleich durfte der Müller schon damals Gäste bewirten und beherbergen. Viele Bergleute kamen dorthin. Als das Gasthaus 1961 renoviert wurde, entdeckte man in den Bodenritzen eine ganze Reihe Münzen unterschiedlichster Herkunft, die die Zecher im Laufe der Zeit verloren hatten. Das letzte Stück des Weges führt teils am Bach entlang, teils am Talhang zurück zum Ausgangspunkt.

Viel haben wir mittlerweile über den Bergbau erfahren. Wer noch mehr wissen will, dem sei das **Landesbergbaumuseum** im nahen **Sulzburg** empfohlen. Dort werden Werkzeuge, Lampen und sogar die Nachbildung eines Stollens gezeigt. Auch hier gibt es einen äußerst lohnenden, fünf Kilometer langen bergbaugeschichtlichen Rundwanderweg, der 200 Meter westlich vom Marktplatz des hübschen, alten Städtchens beginnt und an der romanischen Klosterkirche St. Cyriacus vorbei zu Halden, Gängen und Aufschlüssen führt.

Wie kommt man ins Münstertal?
A 5, Ausfahrt Bad Krozingen, dann Richtung Staufen/Breisgau; dort beginnt bereits das Münstertal.
Von Freiburg aus über die B 3 bis Bad Krozingen, weiter Richtung Staufen/Breisgau.
Bahnverbindung: Bahnhof der SWEG-Privatbahn in Untermünstertal und DB-Bahnhof in Sulzburg.

Waldmuseum
Das Waldmuseum ist im Keller des Rathauses Untermünstertal.

Öffnungszeiten:	Juni bis Oktober	
	mittwochs und samstags	14.00 – 17.00 Uhr
	oder nach Vereinbarung	
Eintritt:	Erwachsene	DM 2,00
	Kinder	DM 1,00

Bienenkundemuseum mit Imkerlehrschau
Das Bienenkundemuseum findet man im Ortsteil Spielweg im ehemaligen Rathaus.
Öffnungszeiten: mittwochs, samstags und sonntags 14.00 – 17.00 Uhr
Eintritt: Erwachsene   DM   3,00
                   Kinder   DM   2,00
Auskünfte: Telefon 0 76 36/8 81

Schaubergwerk Teufelsgrund
Öffnungszeiten: 1. April bis 15. Juni und 15. September bis 31. Oktober dienstags, donnerstags, samstags und sonntags   14.00 – 18.00 Uhr
in der Zeit vom 1. November bis 15. Januar samstags und sonntags   14.00 – 18.00 Uhr
in der Hauptsaison, d. h. von 15. Juni bis 15. September täglich außer montags 14.00 – 17.00 Uhr
Eintritt: Erwachsene   DM   4,00
                   Kinder   DM   2,00
Auskünfte: Telefon 0 76 36/7 07 30

Wie kommt man nach Sulzburg?
Sulzburg liegt am Rand des südlichen Schwarzwalds zwischen Freiburg und Basel, d. h., man fährt auf der A 5 Karlsruhe – Basel bis Bad Krozingen, dann über die B 3 Richtung Heitersheim nach Sulzburg.

Landesbergbaumuseum
Auskünfte: Verkehrsamt Sulzburg Telefon 0 76 34/56 00 40
Öffnungszeiten: ganzjährig, täglich   14.00 – 17.00 Uhr
(auch feiertags, ausgenommen 1. Weihnachtsfeiertag)
Eintritt: Erwachsene   DM   2,00
                   ermäßigt   DM   1,50
                   Gruppen ab 20 Personen   DM   1,50
                   Schüler   DM   1,00

Einkehrmöglichkeiten: Gasthof „Zum Kreuz" (montags Ruhetag)
Kiosk beim Besucherbergwerk Teufelsgrund mit Gastraum (montags Ruhetag)
Gasthaus „Neumühle zur Krone" (montags Ruhetag)

Kartenempfehlungen:
1 : 75 000 RV 11462 Schwarzwald Südblatt
1 : 50 000 TOP Blatt 6 Kaiserstuhl, Freiburg, Feldberg

5 Im Bannwald den „Urwald" erleben

Der Waldlehrpfad Schönau im Belchenland

Wer den Schwarzwald auf immer neuen Ausflügen durchstreift, weiß wie intensiv diese Landschaft genutzt wird. Die meisten Wege sind nicht nur einmal, sondern meist mehrfach für verschiedene Wanderungen markiert. Überall finden sich Vesperplätze, Grillstellen und Schutzhütten. Man kann sich fast nicht mehr vorstellen, daß das einmal anders war und der Schwarzwald ein „Urwald" gewesen sein soll! Wie der Wald damals aussah und wie er sich veränderte, dem kann man beim Städtchen Schönau am Fuß des Belchen nachspüren. Hier findet sich ein Lehrpfad, der nicht nur auf die aktuell vorhandene Lebensgemeinschaft Wald eingeht, sondern vor allem seine Entwicklung zum heutigen Aussehen auf einer hübschen, kleinen Wanderung nachzeichnet. An sie läßt sich (per Auto) ein landschaftlich lohnender, kurzer Abstecher zur alten Klopfsäge in Fröhnd anhängen, der den lehrreichen Ausflug abrundet.

Der Schwarzwald ist wie alle heutigen Wälder in Deutschland vor allem Forst- und Erholungswald. So klingt es wie ein Märchen, wenn man hört, der Schwarzwald sei bis ins frühe Mittelalter ein fast undurchdringlicher, weitgehend gemiedener Urwald gewesen. Man verbindet mit dem Begriff „Urwald" eigentlich nur noch den nicht erschlossenen tropischen Regenwald. So war der Schwarzwald tatsächlich nie, aber er war unwegsam, abenteuerlich und nicht ohne Gefahren. In den beinahe undurchdringlichen Wäldern, die es noch bis ins 17. Jahrhundert abseits vorhandener Siedlungen gab, lebten damals Bären, Wölfe und Luchse. Die letzten freilebenden Wölfe und Luchse wurden im Schwarzwald erst gegen Ende des 18. Jahrhundert getötet.

Doch als sich die Klöster und in ihrem Gefolge die Siedlungen breiter machten, ging mehr und mehr Wald verloren: erst als Weide- und Ackerland, dann als Bau- und Heizmaterial, schließlich für die sich immer mehr ausbreitenden holzverarbeitenden Gewerbe wie Köhlerei, Glaswerkstätten, Flößerei und das Schneflertum (siehe Kapitel 12), worunter man die Verarbeitung des Holzes zu Geräten, Werkzeugen, Geschirr und Möbeln versteht. All dies führte zum fast völligen Kahlschlag. Dazu kam die früher stark verbreitete Waldweide. Vieh wurde zum Weiden in den Wald getrieben, wo es den nachwachsenden jungen Wald zerstörte.

Nach so viel „Nutznießung" mußte nun die Pflege des Waldes einsetzen. Ab dem 18./19. Jahrhundert entstanden die angelegten und gepflegten Forstgebiete, wie man sie heute kennt. Relativ jung sind die seit einiger Zeit in diese Forste eingefügten „Bannwälder". Weil man zu Forschungszwecken herausfinden möchte, wie sich ein sich selbst überlassener Wald verhält, unterbleibt in den Bannwäldern jede Nutzung, jede Pflanzung und jede Düngung. Umgestürzte Bäume bleiben liegen. Die Bannwälder sind „Totalreservate", in deren Ökologie nicht eingegriffen wird.

Durch einen solchen „Urwald", den Bannwald „Flüh", führt der **Schönauer Lehrpfad**. Er zeigt die Waldweide ebenso wie die heute übliche Trennung in Weide und Wald. Daß er dies alles einbezieht, macht ihn so begehenswert.

Ausgangspunkt ist der Waldparkplatz „Buchenbrand" am südlichen Ende Schönaus. Ein hübsch angelegter Waldspielplatz verleiht diesem Ausgangs- und Endpunkt in Kinderaugen zusätzliche Reize. Da die Wanderung nur kurz ist, bleibt dafür genügend Energie übrig. Ein Brückchen führt über die „Wiese". Von ihr hat das Wiesental seinen Namen! Rechts geht es nun an Kuhweiden vorbei das Tal hinaus. Bald aber zweigt der Weg links ab, direkt ins Bannwaldgebiet hinein. Auf einem wildromantischen Pfad geht es zwischen großen Felsbrocken und Baumgewirr hindurch. Auf den Bannwald folgen ehemaliger Weidewald und Weiden. Der Blick wird frei auf die Täler, Kuhglocken läuten. Bei *Künaberg* erreicht man die Straße in einer Kehre. Hier kann man im schönen Gasthof „Zum Pflug" einkehren. Zugleich ist der östlichste Punkt des Lehrpfads erreicht. Er führt umgehend wieder von der Straße weg ein Stück bergauf, jedoch bereits in Richtung Ausgangspunkt zurück. Über Weiden hinweg reicht der Blick bis hinüber zum Belchen (1 414 m), der als schönster Berg des Schwarzwalds gilt. Doch schon geht es – aber nur ein kurzes Stück – ordentlich steil bergauf, ehe der Weg in den Wald einschwenkt. Der „Kohlplatz" erinnert daran, daß in diesem unwegsamen Gelände kein Abtransport von Stämmen möglich war, und die Stämme deswegen an Ort und Stelle zu Holzkohle verarbeitet wurden. Nach einem letzten Stück Weg, noch einmal durch den Bannwald, erreicht man kurz vor der Brücke wieder das Tal. Die Runde ist geschlossen.

Per Auto lohnt sich noch ein Abstecher zur historischen **Klopfsäge** in *Fröhnd*. Sägen dieses Typs gab es seit Hunderten von Jahren überall im Schwarzwald. Die frühesten urkundlichen Erwähnungen reichen bis 1314 zurück. Die letzten Sägen waren bis Mitte der 50er Jahre unseres Jahrhunderts in Betrieb. Die Klopfsäge in Fröhnd ist an ihrem angestammten Platz im Originalzustand betriebsbereit erhalten. Gelegentlich finden noch Sägevorführungen statt, deren Termine man im Gasthof „Holzer" erfragen kann.

Wie kommt man nach Schönau?
Von Freiburg aus über Kirchzarten, Todtnau nach Schönau.
A 81 bis Autobahndreieck Bad Dürrheim, A 864 bis Ausfahrt Donaueschingen, B 27 Richtung Donaueschingen, bei Hüfingen auf die B 31 bis Titisee-Neustadt, dann die B 317 über Feldberg und Todtnau nach Schönau.
Dort am südlichen Ortsende in die Bahnhofstraße einbiegen (Richtung Gewerbegebiet), bis rechts die Wiesenstraße abgeht. Sie führt direkt zum Wanderparkplatz „Buchenbrand".

Weglänge: Rundweg: 5,5 km (ca. 200 m Höhenunterschied)

Wie kommt man nach Künaberg?
Von Schönau auf der B 317 in Richtung Zell, nach dem Ortsende von Schönau links hinauf.

Historische Klopfsäge in Fröhnd
Auskünfte: im Gasthof „Holzer"
                       Telefon 0 76 73/2 86

Einkehrmöglichkeit: Gasthof „Zum Pflug" (montags und dienstags Ruhetag, an Feiertagen geöffnet)

Kartenempfehlungen:
1 : 75 000 RV 11462 Schwarzwald Südblatt
1 : 50 000 TOP Blatt 8 Belchen, Wiesental
1 : 30 000 Atlasco Blatt 217 Zell-Schönau
1 : 30 000 Belchenland Wanderkarte

Familienausflug abseits ausgetretener Pfade 6

Wandern, Grillen und Spielen nahe Zell im Wiesental

Wer seine Ferientage im südlichen Schwarzwald verbringt und dessen attraktive Sehenswürdigkeiten besucht, ist selten allein. So kann das Bedürfnis entstehen, einmal einen Tag auf weniger ausgetretenen Pfaden zu wandern. Dennoch viel erleben, viel sehen, an schön gelegenen Plätzen grillen und spielen zu können, ist ein Wunsch, der sich im Wandergebiet „Hohe Möhr" beim Städtchen Zell im Wiesental verwirklichen läßt.

Zell ist ein Erholungsort im noch engen mittleren Wiesental. Er hat seinen Namen davon, daß er einst eine Zelle, also ein kleines, vorgelagertes Kloster war, das zu Bad Säckingen gehörte. Aus dem in vorindustrieller Zeit weitverbreitetem „Hausgewerbe", zu dem die im Tal weit verbreiteten Heimarbeiten Spinnen und Weben zusammengefaßt wurden, entwickelte sich später eine rege Textilindustrie. Für unseren Ausflug ist das insofern interessant, als es heute das sehr reizvolle *„Wiesentäler Textilmuseum"* gibt. Ein sehr lebendiges Museum, denn alle Maschinen sind intakt und werden in Betrieb vorgeführt. Interessierte Besucher können sich sogar selbst im Weben und Spinnen versuchen. Auch fertige Handarbeiten aller Art werden gezeigt: selbst Unterwäsche aus Urgroßmutters Zeiten ist zu bestaunen. Das Entscheidende für den Ausflugstip Zell im Wiesental ist aber sein Naturlehrpfad, der stellenweise wirklich zum Pfad wird. Er fordert zum gemeinsamen Raten auf, vermittelt unterhaltsam Wissenswertes und führt als unaufdringlicher Begleiter zu den schönen Stellen des Gebietes.

Den Ausgangspunkt dafür, den *Wanderparkplatz Möhren*, zu finden, ist nicht schwer. Aus beiden Richtungen führt von der Umgehungsstraße des Ortes eine Abzweigespur mit Hinweisschildern direkt zum Wanderparkplatz.

Von hier weist ein Schild zum Lehrpfad und zum *Wildgehege*. Die erstaunten Wanderer müssen sich wieder bergab zu einem ausgedehnten, durch Privatinitiative entstandenen Gehege begeben, wo man Schwarz-, Dam- und Rotwild bewundern kann. Am Ende des Geheges setzt sich der Lehrpfad als schmaler Trampelpfad fort. Unterwegs laden Tafeln zum Raten ein: Wie hoch ist diese Fichte? Wann wurde sie gepflanzt? Hat jeder seinen Tip abgegeben, darf man der Rückseite des Baumes das richtige, oft erstaunliche Ergebnis entnehmen. Bald ist die *„Steinbänklehütte"* mit Feuerstelle und kleiner Spielwiese erreicht. Ihr folgt bei Erreichen der Höhe die noch

41

schönere Hütte „*Raitbacher Höhe*". Eine Feuerstelle, ein Brunnen und ein Kickplatz mit provisorischem Tor sind in unmittelbarer Nähe. Wenige Meter weiter bietet sich ein herrlicher Wiesenhang zum Spielen an, von dem aus man einen schönen Blick auf Hausen hat, wo der Dichter Johann Peter Hebel einen Teil seiner Kindheit verbrachte. Hebel (1760 – 1828) war der bedeutendste Dichter im südlichen Schwarzwald, vielleicht Anlaß für den einen oder anderen, einmal (wieder) „Aus dem Schatzkästlein des Rheinischen Hausfreundes" zu lesen.

Wer hier auf der Raitbacher Höhe lange genug gerastet und gespielt hat, bekommt vielleicht Lust, den Abstecher auf die „*Hohe Möhr*" (993 m) zu wagen. Dies sind immerhin noch einmal mehr als

Rast

200 Meter Höhenunterschied, die aber durch eine herrliche Fernsicht, die an klaren Tagen vom Turm aus bis zum Montblanc reichen soll, belohnt werden. Der Weg zum Gipfel zweigt hier rechts ab.

Alle anderen folgen weiter dem Lehrpfad, der nun als breiter Forstweg geradeaus zum *„Möhrengeistbrunnen"* führt. Dessen klares, für Mensch (!) und Tier trinkbares Wasser quillt aus einem geschnitzten Kopf. An der *„Nesselgrabenhütte"* ist der höchste Punkt der bislang wenig anstrengenden Wanderung erreicht. Stetig und sachte bergab geht es nun wieder auf Zell zu. Zuvor findet sich noch die wunderschön am Waldrand gelegene (unbewirtschaftete) Hütte der Zeller Naturfreunde. Brunnen und Grillstelle liegen daneben, eine Wiese davor.

Nach einem letzten Blick ins Wiesental und zum „Zeller Blauen" (1 080 m), beginnt das letzte Stück der Wanderung. Über einen Wiesenhang führt der Weg zurück in den Wald und von dort auf schmalem Pfad im Zickzack bergab. Erst bei Erreichen des Forstwegs wendet man sich nach links, wo bald darauf der Wanderparkplatz sichtbar wird. Auch hier gibt es noch einmal Grillstellen, einen Brunnen und Vesperplätze, doch wer unterwegs war, hat bereits schönere gefunden!

Wie kommt man nach Zell?
A 5, Ausfahrt Lörrach Nord oder Süd, die B 317 über Schopfheim nach Zell.
Von Freiburg aus fährt man über Kirchzarten, Todtnau, Schönau nach Zell.
A 81, Autobahndreieck Bad Dürrheim, A 864 bis Ausfahrt Donaueschingen, B 27 Richtung Donaueschingen, bei Hüfingen auf die B 31 bis Titisee-Neustadt, dann über Feldberg, Todtnau, Schönau nach Zell.
Bahnverbindung: Bahnhof Zell im Wiesental (über Lörrach).

Weglänge: 5,6 km

Wiesentäler Textilmuseum

Öffnungszeiten:	1. April bis 30. November	
	samtags	14.00 – 17.00 Uhr
	sonntags	9.00 – 12.00 Uhr
Eintritt:	Erwachsene	DM 3,00
	Kinder bis 16 Jahre	DM 1,00
	Familien	DM 5,00
Auskünfte:	Telefon 0 76 25/5 80 oder 0 76 25/92 42 58	

Kartenempfehlungen:
1 : 75 000 RV 11462 Schwarzwald Südblatt
1 : 50 000 TOP Blatt 8 Belchen, Wiesental
1 : 30 000 Atlasco-Wanderkarte Blatt 217 „Zeller Bergland"

Im Sagenreich der Erdmännlein 7

Zu den Tropfsteingebilden der Erdmannshöhle bei Hasel

Eine eigene Taschenlampe sollte jeder (kleine) Höhlenforscher selbst dabei haben. Dann wird der Erkundungsgang durch die sagenumwobene Erdmannshöhle bei Hasel noch einmal so spannend. Sie ist eine der ältesten und am längsten bekannten Tropfsteinhöhlen Deutschlands. Es empfiehlt sich ein Spaziergang um die Höhle durch die hübsche, hügelige Landschaft des Dinkelbergs, auf den man auch den Kinderwagen mitnehmen kann. Ein Abstecher zum Eichener See, der nur mit etwas Glück in seinem Bett angetroffen wird, rundet den Ausflug ab.

Dem Schwarzwald, der sich bei Bad Säckingen nach Süden bis an den Hochrhein erstreckt, ist westlich der **Dinkelberg** vorgelagert, ein verkarstetes Vorgebirge. Es konnte seine Sedimentschichten, die die Voraussetzungen für seine Höhlen sind, bewahren, weil es bei der Hebung des Schwarzwaldgebirges und der gleichzeitigen Einsenkung des Rheingrabens frühzeitig abbrach und so weniger stark abgetragen wurde. Auf dem dadurch erhalten gebliebenen fruchtbaren Boden konnte sich eine Gäulandschaft entwickeln. Hier wurde vor allem das heute wieder bekanntere Dinkelgetreide angebaut, von dem der Dinkelberg seinen Namen hat. Unterirdisch wurden die Kalkgesteine im Laufe von Jahrtausenden durch Wasser stellenweise gelöst. So entstanden Risse, Klüfte und schließlich Höhlen.

Eine dieser Höhlen ist die **Erdmannshöhle** bei Hasel. Sie wurde vor rund 700 Jahren entdeckt und ist seit 200 Jahren begehbar. Ihren Reiz bezieht sie aus zahlreichen, vielgestaltigen Tropfsteinen, in denen man mit etwas Phantasie alle möglichen Figuren, Tiere und Gegenstände erkennen kann. Ganz hautnah kann man diese Wunderwelt erleben. Man kann sie berühren und über die von vielen Händen blankpolierten Oberflächen streichen, die sich aus dem gelösten Kalk gebildet haben. Doch dabei muß man sehr vorsichtig sein, denn solche Gebilde entstanden erst über einen beinahe unvorstellbar langen Zeitraum: So ein Tropfstein wächst im Durchschnitt nämlich in hundert Jahren nur um einen einzigen Zentimeter!

Tropfsteine können von oben her wachsen, wissenschaftlich heißen sie dann „Stalaktiten", oder von unten, dann nennt man sie „Stalagmiten". Manchmal, wie in der „Fürstengruft", wachsen sie sogar zu Säulen zusammen.

7

Die Führung beginnt unter der Erde im „Empfangssaal", dem „Tempel". Hier oder an anderen Stellen muß man manchmal etwas warten, bis alle versammelt sind. Diese Pausen sind am besten zu überbrücken, wenn man seine Taschenlampe mithat. Dann kann man die Wände ableuchten, das „Äffchen", die „Krake" oder den „Wellensittich" suchen. Dies sind übrigens alles Gestalten, die Kinder entdeckt und benannt haben. Der Höhlenführer hilft gerne beim Suchen! Man kann auch in die große Spalte leuchten, die vom Empfangssaal fast bis an die Erdoberfläche reicht. Während der Führung dringt man dann immer tiefer in diese so ganz eigene Welt der Tropfsteinhöhlen ein, gelangt zum Höhlensee und zum Höhlenbach. Feucht ist es dort unten, deshalb sollte man feste Schuhe tragen. Im Sommer ist man auch an einem Pullover froh, denn dann empfindet man die herrschende Temperatur von beständigen neun Grad Celsius als recht kühl.

Wer den Höhlenbach rauschen und murmeln hört, weiß plötzlich ganz genau, wie die Erdmannshöhle zu ihrem Namen kam. Als die Höhle noch nicht elektrisch ausgeleuchtet war und nur Fackeln ihr diffuses Licht warfen, konnte man glauben, daß hier Erdmännchen zu Hause seien. Erdmännchen stellte man sich – wie viele andere gute Erdgeister – als eine Art von Zwergen vor, die guten Menschen bei jedweder Arbeit halfen und böse Menschen zurechtwiesen. Sie ließen sich nicht mehr sehen, wenn man ihnen nachspionierte. Unzählige Sagen haben diesen Stoff zum Inhalt.

Ein „langer Gang" führt schließlich in die „Fürstengruft", eine der schönsten Stellen der Höhle. Mit dem Fingerknöchel darf man vorsichtig gegen den hohlen Tropfstein klopfen und ihm dumpfe Töne entlocken. Man weiß immer noch nicht, wie er entstehen konnte. Einen imposanten Schlußpunkt setzt gleich darauf der „Rittersaal" mit vielen figürlichen Wandversinterungen, die im Lauf der Zeit durch Ablagerung, unter anderem durch Lehme, an der Höhlenwand entstanden. Hier endet der begehbare Teil der Höhle. Auf demselben Weg geht es zurück. Da ist noch einmal Gelegenheit, unter veränderten Perspektiven Neuentdeckungen zu machen.

Am Kiosk gibt es einen gut aufgemachten, gerade auch für Kinder interessanten Höhlenführer zu kaufen. Es wäre natürlich am besten, vorab darin zu schmökern, vielleicht um damit die – meist recht kurze – Wartezeit bis zur Führung zu überbrücken. Aber auch im nachhinein gibt es zusätzliche Informationen und Hinweise, unter anderem auf richtiggehende Exkursionen in die Umgebung.

Wer sich nach einem Höhlenbesuch bei einem hübschen Spaziergang nur die Beine vertreten will, geht nicht leer aus. Direkt vom Ki-

Der „hohle" Tropfstein in der Erdmannshöhle

osk aus, hinter dem sich eine Grillstelle und ein Spielplatz finden, führt mit *gelbem Punkt* markiert ein bequemer Weg, eben am Bach entlang, hinaus in Richtung **Wehr**. Wehr ist ein hübsches kleines Städtchen am Ausgang des Wehratals. Man erreicht es auf diesem

Weg in seinem Ortsteil „Dörfle". Gleich an den ersten Häusern wendet man sich nach links, bis wiederum halblinks die „Friedrichstraße" leicht bergaufführend abzweigt. An der Einmündung der „Haseler Straße" trifft man erneut den *gelben Punkt* und folgt ihm an einem Spielplatz vorbei wieder hinaus aus bebautem Gebiet. Rechts am Hang ragt die Ruine Bärenfels mit Turm und Mauern aus den Bäumen hervor und macht vielleicht dem einen oder anderen spontan Lust, den Spaziergang zu einer Wanderung zu erweitern: vielleicht sogar zu einer zweiten Burg, der *Ruine Werrach*. Alle anderen begnügen sich mit dem Anblick der beiden Burgen, bleiben aber auf dem bequemen Weg durch herrliche Wiesen und sanft hügeliges Gelände und gelangen in weitem Bogen zum Ausgangspunkt zurück. Dort wartet der kleine Ort Hasel mit einer leistungsfähigen Gastronomie auf Spaziergänger und Wanderer.

Karst nennt man nach einer slowenischen Landschaft alle Landschaftsformen, die im Zusammenhang mit der chemischen Zersetzung durch Wasser in leicht löslichen Gesteinen wie Kalk oder Gips entstehen. Zu diesen Erscheinungen des Karsts gehört auch der „**Eichener See**", den man in einem kurzen Abstecher bis in die Nähe Schopfheims noch aufsuchen kann.

Wer will, schließt vorher Wetten ab, ob der See auch zu Hause ist. Anders als bei sonstigen Seen ist nämlich gar nicht gesagt, daß man den See an der beschriebenen Stelle findet. In einer grasbewachsenen, schüsselförmigen Senke (einer sogenannten „Doline") bildet er sich nämlich nur bei sehr hohem Grundwasserstand, manchmal nur für wenige Tage. Seine größtmögliche Ausdehnung, im Boden für Trockenzeiten durch Steine markiert, beträgt maximal 220 Meter Länge, 100 Meter Breite und bis zu 3,50 Meter Tiefe. Vom Parkplatz aus erreicht man ihn auf ebenem Weg in wenigen Minuten.

Grillen, vespern und spielen in hübscher Umgebung lohnen den Abstecher zum Eichener See in jedem Fall.

Wie kommt man zur Erdmannshöhle?
A 5, Ausfahrt Lörrach Nord oder Süd, über die B 317 bis Schopfheim, die B 518 in Richtung Wehr, ab Ortsanfang Hasel ausgeschildert.
A 81, Autobahndreieck Bad Dürrheim, A 864 bis Ausfahrt Donaueschingen, die B 27 bis Blumberg, dann die B 314 bis Waldshut-Tiengen, die B 34 bis Bad Säckingen, über Öflingen nach Wehr, ab Wehr ausgeschildert.

Länge des Spaziergangs um Hasel: ca. 4 km

Erdmannshöhle
Öffnungszeiten: Karfreitag bis 2. November:
März, April, Mai, September und Oktober
werktags 13.00 – 17.00 Uhr
samstags, sonn- und feiertags und während der
Ferien in Baden Württemberg ganztägig
Juni, Juli und August ganztägig
(2. November bis Karfreitag geschlossen)
Eintritt: Erwachsene DM 6,00
Jugendliche (bis 18 Jahre) und
Studenten DM 4,00
Kinder (6 bis 14 Jahre) DM 3,00
Führungen: Bei ganztägiger Öffnung finden zu folgenden
Zeiten Führungen statt: 9.00 – 12.00 Uhr
13.00 – 17.00 Uhr
Eine Führung dauert ca. 30 bis 40 Minuten.
Führung sind nur zu den angegeben Zeiten und
Terminen möglich.
Höhlenführer DM 5,00
Auskünfte: über Bürgermeisteramt Hasel
Telefon 0 77 62/93 07

Wie kommt man zum Eichener See?
Siehe oben (Erdmannshöhle) bis Schopfheim; der See liegt östlich vom Schopfheimer Stadtteil „Eichen" und südlich der B 518 (unscheinbarer Zufahrtsweg bis Parkplatz). Der Eichener See ist frei zugänglich, Entfernung ab Parkplatz ca. 400 Meter.

Kartenempfehlungen:
1 : 75 000 RV 11462 Schwarzwald Südblatt
1 : 50 000 TOP Blatt 8 Belchen, Wiesental

8 Wo die Hotzen hausten

Unterwegs auf den Höhen des Hotzenwalds um Herrischried

Hotzenwald, das klingt, als handle es sich um einen Ort irgendwo „hinter den sieben Bergen". Ganz so abgelegen ist er nicht, genug allerdings, um eine fast paradiesisch ruhige und trotzdem abwechslungsreiche Wanderlandschaft zu bewahren. Ein ordentliches Stück davon lernt man auf dem Rundkurs um Herrischried kennen: das Erholungsgelände Ödlandkapelle, den Klausenhof und den Gugelturm.

Der Hotzenwald umfaßt ein Gebiet, das vom Hochrhein sowie den Flüßchen Wehra und Schlücht begrenzt wird und auch als „Hauensteiner Land" bekannt ist, weil es früher Teil dieser Grafschaft war. Den heute üblichen Namen „Hotzenwald" hat es von seinen Bewohnern, den Waldbauern oder Hotzen.

Fast 400 Jahre setzten sich die freiheitsliebenden Hotzenwälder gegen die Unterdrückung durch den Abt von Sankt Blasien zur Wehr, der bedingungslose Leibeigenschaft forderte. Dieser Widerstand konnte trotz blutiger Kriege und Zwangsverschickung der Aufständischen nach Übersee, nach Ungarn und in das Banat, niemals völlig gebrochen werden. Die Hotzenwälder haben sich bis heute eine gesunde Skepsis gegenüber Entscheidungen aller Art von Obrigkeiten bewahrt.

Mittelpunkt der folgenden Wanderung ist **Herrischried**, der Hauptort des Gebiets. Er war früher schon Hauptort des Waldbauern-Freistaats und ist heute ein gepflegter Luftkurort mit vielseitigen Freizeiteinrichtungen für seine Gäste im Sommer und im Winter.

Ausgangspunkt der Wanderung ist der im Zentrum von Herrischried gelegene „Le-Castellet-Platz". Von ihm aus geht man zunächst halbrechts bergab in die „Sägestraße", wo man die erste der heutigen Markierungen, eine *schwarz-weiße Raute auf gelbem Grund* antrifft. Diesem Zeichen folgt man am Sportplatz vorbei auf einem Wiesenpfad bergauf zur Straße. Nur ein kurzes Stück geht man an der Straße entlang, schon vor einer Reihe von Tannen wird man in den Wald gewiesen, in dem man sich die mittlere Höhenlage erarbeiten muß, die man auf der ganzen Wanderung im wesentlichen beibehält.

Wie bei fast allen Wanderungen gilt auch hier: Hat man erst einmal den richtigen Einstieg gefunden, kann nichts mehr schiefgehen. So genießt man nun von halber Höhe aus den weiten Blick übers Tal und den kleinen Badesee, ehe man durch Wald zur spartanisch schlichten **Ödlandkapelle** gelangt. Eine Spielwiese, Vesperplätze und eine Grillstelle bieten sich für eine erste Rast an. Wem an schöner Aussicht liegt, der kann von hier aus einen zwei Kilometer langen Abstecher zur Aussichtsplattform machen, um einen Blick auf das *Hornberg-Speicherbecken* zu werfen.

Unser Weg jedoch führt mit neuem Zeichen, einer *blauen Raute*, geradeaus weiter, eine Zeitlang nun durch herrlichen Wald. Trotzdem kommt der schönste Teil der Wanderung erst beim Heraustreten aus dem Wald. Nach links und rechts schweift der Blick frei über die nahen und fernen Höhenzüge. Kornfelder, Wiesen und Wald wechseln sich ab.

Am „Polenstein", einem Gedenkstein für drei an dieser Stelle als Opfer des Nazi-Regimes umgekommene polnische Kriegsgefangene, links vorbei, gelangt man wieder in den Wald. Wenn er sich lichtet, sieht man bereits auf *Großherrischwand* mit dem Klausenhof. Wer wissen will, wie die Hotzen lebten und arbeiteten, dem sei der Klausenhof wärmstens empfohlen. Gleich nachdem der Ort im Blickfeld auftaucht, zweigt nach rechts ein unbezeichnetes asphaltiertes Sträßchen ab, das geradewegs hinführt.

Der **Klausenhof** ist das letzte strohgedeckte Hotzenhaus, das 1979 quasi in letzter Minute vor dem Verfall gerettet und zum Museum ausgebaut wurde. Nachweislich 1424 erbaut, gehörte es wohl zu den ersten Häusern, die nach der Rodungszeit im oberen Murgtal entstanden sind. Auch das Hotzenhaus ist – wie alle Schwarzwaldhäuser – ein sogenannter Eindachhof, wo Wohnen und Wirtschaften unter demselben Dach einhergingen. Am interessantesten ist sicher die rußgeschwärzte Küche: Vom offenen Herdfeuer aus wurde der Kachelofen in der Stube beheizt. Von dort strömte der Rauch in die Küche zurück, wo er über dem Herd – in der Rauchhurt – das dort aufgehängte Fleisch und die Wurst räucherte.

Wenige Meter weiter steht die „**Lindauer Säge**". Sie wurde bereits 1595 in einem Lehensvertrag erwähnt und stand ursprünglich in Lindau bei Ibach (südwestlich von St. Blasien). Wie der Klausenhof war auch die Säge vom Verfall bedroht, ehe sie 1984 hierher gebracht und voll funktionsfähig wieder aufgebaut wurde. Für größere, angemeldete Gruppen wird sie sogar in Gang gesetzt.

Hat man sich alles angesehen, verläßt man den Ort in Richtung Norden nach *Kleinherrischwand*, das man nur durchquert. An der Kapelle geht es rechts vorbei. Hier trifft man erneut die *blaue Raute* und folgt ihr den „Wendelinusweg" hinaus zur nächsten Station, dem Gugelturm. Nach dem Überqueren der Straße verläuft der Weg zunächst am Wald entlang. Doch man muß aufpassen, daß man nicht zu weit ab gerät. Der Weg verführt nämlich dazu, geradeaus weiter zu gehen. Dort, wo der Wald etwas zurückweicht, geht es auf unscheinbarem Pfad scharf rechts in den Wald hinein. In kurzer Zeit ist der am Wochenende vom Schwarzwaldverein bewirtschaftete **Gu-**

Klausenhof

gelturm erreicht. Hier kann man Kaffee trinken oder etwas Gegrilltes essen. Im Eintrittspreis zur Turmplattform ist für Kinder ein Aufkleber, für Erwachsene eine Ansichtskarte des Turms enthalten.

Ein letztes Mal wechselt an dieser Stelle die Markierung. Die *schwarz-weiße Raute auf gelbem Grund* der ersten Wegstrecke übernimmt nun wieder die Führung zurück zum Ausgangspunkt der Wanderung. Einem Kreuzweg – der sich von Giersbach zum Gugelturm bergauf zieht – bergab folgend erreicht man die Straße nach Herrischried, überquert sie und gelangt durch Wald, Wiesen und Felder in den Ort zurück.

Wie kommt man nach Herrischried?
A 81, Autobahndreieck Bad Dürrheim, A 864 bis Ausfahrt Donaueschingen, B 27 Richtung Donaueschingen, bei Hüfingen auf die B 31 bis Titisee-Neustadt, dann die B 317 über Feldberg, Todtnau, Todtmoos nach Herrischried.

Vom Titisee am Schluchsee entlang über Häusern, St. Blasien, Todtmoos nach Herrischried.
Von Freiburg aus gelangt man über Kirchzarten, Todtnau und Todtmoos nach Herrischried.

Weglänge: 14 km

Klausenhof und Lindauer Säge (als Museum zusammengefaßt)
Öffnungszeiten: Januar bis Mai sowie Oktober
dienstags, sonn- und feiertags 14.00 – 17.00 Uhr
Juni bis September
dienstags, mittwochs, samstags,
sonn- und feiertags 14.00 – 17.00 Uhr
November ud Dezember
dienstags 14.00 – 16.00 Uhr
Eintritt: Erwachsene DM 3,00
mit Kurkarte DM 2,50
Kinder (bis 16 Jahre) DM 1,00
Führungen: auf Anfrage möglich
Auskünfte: bei der Kurverwaltung Herrischried,
Telefon 0 77 64/92 00 40 (auch Auskünfte über Freilichtspiele), während den Öffnungszeiten des Museums, Telefon 0 77 64/61 62
oder beim Betreuer des Museums,
Telefon 0 77 64/3 29 (privat).

Aussichtsturm Gugelturm
Öffnungszeiten: Ende April bis Mitte November
täglich außer montags ab 8.00 Uhr
abends: je nach Saison, Wetter und Bedarf
am Wochenende bewirtschaftet
Eintritt: Erwachsene DM 1,00
Kinder DM 0,50

Kartenempfehlungen:
1 : 75 000 RV 11462 Schwarzwald Südblatt
1 : 50 000 TOP Blatt 8 Belchen, Wiesental

9 Wieviele Gemsen gibt's im Schwarzwald?

Wer's wissen will, muß nach Höchenschwand und St. Blasien

Wieviele Insekten verzehrt eine Meisenfamilie im Jahr? Wie sagt man in der Jägersprache zu den Ohren des Wildschweines? Auch das sind Fragen aus dem Waldquiz, die heute beantwortet werden sollen. Im Heilklimatischen Kurort Höchenschwand kann man gerade auch mit kleineren Kindern einen fröhlich-vergnügten Ferientag verbringen, an dem Raten, Spielen und Grillen im Vordergrund stehen. Schön wenn man das mit einem Abstecher nach St. Blasien verknüpft, wo man die größte Kuppelkirche Deutschlands besichtigen und die wichtigsten Bewohner des Waldes sehen und sogar füttern kann.

Höchenschwand, das sich wegen seiner besonderen Lage auf einer sonnigen Hochfläche (1 015 m) werbewirksam als „Dorf am Himmel" bezeichnet, ist das erste Ziel des Tages – diesmal jedoch nicht wegen seiner berühmten Fernsicht, die an klaren Herbst- und Wintertagen die Alpenkette umfaßt, sondern seiner sommerlichen Qualitäten wegen. Auf einem knapp vier Kilometer langen unbeschwerlichen Rundweg durch die landschaftlich reizvolle Gegend wird man nicht nur durch den Waldlehrpfad geführt, sondern kann an einem Waldquiz teilnehmen, das sich ohne Aufwand zu einem Wettbewerb innerhalb der Familie benützen läßt.

Die Klosterkirche St. Blasien

Ausgangspunkt ist der südöstlich von Höchenschwand gelegene *Wanderparkplatz Kreuzstein* im Erholungsgebiet Lerchenberg. In einem grünen Kasten mit der Aufschrift „Waldquiz" liegen am Wanderparkplatz Fragebögen bereit, die 26 Fragen aus dem Bereich der Pflanzen-, Tier- und Gesteinskunde sowie der Forstwirtschaft enthalten. Sie können entlang des Lehrpfades leicht beantwortet oder geraten werden.

Nach einem kurzen Stück auf dem Lehrpfad wird wahrscheinlich der hübsch angelegte Waldspielplatz mit Torwand, Schaukeln und Spielhaus einen Aufenthalt notwendig machen. Allen, die sich nur schwer trennen können, sei verraten, daß auch der Rückweg hier vorbeigeht. Als zweite Gelegenheit zur Rast empfiehlt sich – etwa auf der Hälfte des Weges – die *„Lerchenberghütte"*. In einer kleinen Waldlichtung gelegen, mit Feuerstelle, Brunnen und Wiese, lädt sie richtig zum Spielen ein.

Zurück am Wanderparkplatz will man dann natürlich wissen, wer der Sieger im Familienquiz ist. Die Lösungen findet man auf der Rückseite des grünen Kastens, dem man zuvor die Fragebögen entnommen hat, so daß jeder sein Ergebnis schnell und problemlos kontrollieren kann!

Was läge nun näher, als die Lektion in Sachen Wald zu vervollständigen und die Bewohner des Waldes – über die man nun im Waldquiz manches Neue erfahren hat – mit eigenen Augen zu sehen? Gelegenheit dazu besteht im nahen **St. Blasien**. Das **Wildgehege** im über die „Muchenländerstraße" zugänglichen Walderholungsgebiet St. Blasiens ist vom Wanderparkplatz aus mit geringstem Aufwand zu erreichen. Schwarzwild, vielleicht sogar mit gestreiften, putzigen Frischlingen, Muffel-, Dam- und Rotwild lassen sich dort bewundern und sogar füttern (Futter ist im Automat erhältlich). Ein Spielplatz mit Sand, Schaukeln und – was das schönste ist – einem (Kinder-)Hochstand sowie eine Feuerstelle gehören hier zum Angebot.

Trotzdem wäre es schade, den Abstecher nach St. Blasien auf diesen Punkt zu beschränken. Schließlich steht hier die größte **Kuppelkirche** Deutschlands. Die Klosterkirche besitzt mit 64 Metern Höhe eine der höchsten Kuppeln Europas. Aber mehr noch als ihre äußere Größe zählt ihre geschichtliche Bedeutung für die Erschließung und Besiedlung des Schwarzwalds. Das zugehörige Kloster wurde im 9. Jahrhundert gegründet und sollte zu einer Stätte der Marienverehrung werden. Doch weil die Benediktinermönche die Reliquien des Heiligen Blasius geschenkt bekamen, weihten sie es stattdessen ihm, der zu den Nothelfern zählt und bei Halsleiden angerufen wird. Rasch nahm das Kloster seinen Aufschwung und wurde bald selbständige Abtei, von der die Rodung und Urbarmachung weiterer Gebiete ausging. Vor allem im 11. und 12. Jahrhundert war es darüber hinaus als Stätte der Gelehrsamkeit und als Gründungszelle für mehrere andere Klöster berühmt. Die Überführung der Gebeine von Mitgliedern des Hauses Habsburg aus Basel und Königsfelden nach St. Blasien war mitbestimmend für den Bau der Kuppelkirche im spätbarock-klassizistischen Stil (1771 bis 1781). 1807 jedoch setzte die Säkularisation dieser Entwicklung ein Ende: das Benediktinerkloster wurde aufgehoben, der Landbesitz unter Baden und Württemberg aufgeteilt. Die Gebäude wurden zweckentfremdet, verwahrlosten und brannten teilweise ab. Seit 1933 ist ein Jesuitenkolleg in St. Blasien eingezogen. Zwischen 1977 und 1983 erfolgte der Wiederaufbau der Klostergebäude zusammen mit einer völligen Restaurierung der Kirche. Die Kirche, der „Dom zu Sankt Blasien" ist wieder zu besichtigen, und lohnt in jedem Fall einen Besuch.

Wie kommt man nach Höchenschwand?
A 5, Ausfahrt Freiburg-Mitte, auf der B 31 bis Titisee-Neustadt.
A 81, Autobahndreieck Bad Dürrheim, A 864 bis Ausfahrt Donaueschingen, B 27 Richtung Donaueschingen, bei Hüfingen auf die B 31 bis Titisee-Neustadt.
Ab Titisee-Neustadt die B 317/B 500 Richtung Feldberg/Bärental, dort zweigt die B 500 ab, die in Richtung Waldshut über Häusern nach Höchenschwand führt. Zum Wanderparkplatz Kreuzstein fährt man auf der B 500 um Höchenschwand herum, dann links in Richtung Strittberg bis zum Wanderparkplatz Kreuzstein im Erholungsgebiet Lerchenberg.

Weglänge: Waldlehrpfad: 4 km

Wie kommt man nach St. Blasien?
Von Höchenschwand gelangt man zum Wildgehege von der Domkirche aus die Menzenschwander Straße hinaus, vor der Post rechts hoch in die Muchenländerstraße, bei Erreichen der Kurklinik St. Blasien geradeaus weiter (diesc rechts liegen lassen) bis zum Wanderparkplatz. Von dort ca. 600 Meter Fußweg zum Gehege.

Dom zu St. Blasien
Informationen: In der Kirche ist ein kleiner Führer für DM 0,50 erhältlich.

Kartenempfehlungen:
1 : 75 000 RV 11462 Schwarzwald Südblatt
1 : 50 000 TOP Blatt 9 Schluchsee, Wutachtal

Ob Hüsli, Schlüchtsee oder Tannenmühle ...

... in und um Grafenhausen sind Familien willkommen

Grafenhausen wurde 1986 und 1994 Bundessieger im Wettbewerb „Familienferien in Deutschland". Hier gibt es besonders viele Möglichkeiten, einen herrlichen Tag vor allem mit kleineren oder ganz kleinen Kindern zu verbringen. Einen Ausflug, der Kinder ins Schwärmen bringt, ohne die Erwachsenen leer ausgehen zu lassen, kann man in idealer Weise durch die Verbindung von Hüsli, Schlüchtsee und Tannenmühle zusammenstellen.

Wie kommt der Name „Hüsli" in den Schwarzwald? Weshalb ist das **Hüsli** schon auf den ersten Blick ein waschechtes, wunderschönes Schwarzwaldhaus? Die Geschichte dieses Hauses ist einfacher und doch zugleich märchenhafter, als man glauben mag. Die in Lörrach geborene, in Berlin lebende und arbeitende Konzertsängerin Helene Siegfried machte auf der Fahrt nach Hause einmal Rast in Grafenhausen. Von da an verbrachte sie jeden Sommer einige Wochen in Grafenhausen-Rothaus, bis sie beschloß, sich hier ein eigenes „Hüsli" zu bauen. Ungewöhnlich an ihrem Plan war nur, daß sie soweit wie möglich Material aus Bauernhöfen der Umgebung verwenden wollte. Decken, Türen, Fenster und die gesamte Inneneinrichtung trug sie innerhalb eines einzigen Jahres zusammen. Die Bauern gaben ihr „altes Glump" gerne her, und sie machte manches „Schnäppchen" dabei: eine gotische Madonna tauschte sie zum Beispiel gegen eine neue mit einem mit Sternen besäten Mantel, ebenso ein barockes gegen ein neues Kruzifix. 1912 als Sommersitz erbaut, wurde das „Hüsli" von Frau Siegfried nach dem Verlust ihres Berliner Besitzes im zweiten Weltkrieg ständig bewohnt. Seit ihrem Tod im Jahre 1966 ist es Heimatmuseum des Landkreises Waldshut. Als einer der Drehorte der Fernsehserie „Schwarzwaldklinik" wurde das „Hüsli" weit über die Kreisgrenzen hinaus bekannt.

Direkt am „Hüsli" gehen zwei Rundwanderwege mit 2,8 und 4 Kilometern Länge aus, wovon insbesondere der zweite empfohlen sei. Er ist (sogar mit dem Kinderwagen) in einer guten Stunde zu gehen. Der Weg führt durch einen lichten und abwechslungsreichen Wald und wird auf beiden Seiten von Himbeer- und Heidelbeersträuchern gesäumt, so daß Naschkätzchen im Sommer vielleicht etwas mehr Zeit veranschlagen müssen.

Schneller als gedacht gelangt man so zum **Schlüchtsee**, einem romantisch mitten im Wald gelegenen Quellsee, aus dem die Schlücht entspringt. Ein kleines Strandbad mit Kiosk, Umkleidekabinen, sanitären Einrichtungen und einer Badeinsel erschließt ihn für Badegäste. Boote und Surfbretter sind jedoch verboten. Dafür kann man an

10

Vor der Tannenmühle

der Grillstelle Würste braten oder sich auf dem Waldlehrpfad informieren. Der kleine See bietet also vielseitige Freizeitmöglichkeiten. Man kann ihn auch mit dem Auto erreichen (Abzweigung in der Ortsmitte von Grafenhausen).

Auch diejenigen, die ihn auf dieser kleinen Wanderung nur streifen, kommen auf ihre Kosten. Schließlich kann man ein kleines Stück vom Strandbad entfernt am Seeufer und auf den benachbarten Wiesenflächen viele Pflanzen-, Tier- und Vogelarten sehen und beobachten. Wer am See nicht verweilt, hat zurück zum Parkplatz am „Hüsli" ein nicht minder hübsches, aber kurzes Stück Wald vor sich. Am Parkplatz gibt es einen Kiosk mit Eis, Andenken und Erfrischungen. Nur ein paar hundert Meter weiter bietet sich auch das Kurhaus Hotel „Rothaus", Sitz der Badischen Staatsbrauerei, für eine Einkehr an.

Wer noch Zeit für einen weiteren Programmpunkt hat, hat zwei Möglichkeiten. Zwei Gasthöfe der Umgebung haben ihre eigenen Attraktionen für Familien. Für Modellbahnfreunde jeden Alters ist die Entscheidung leicht. Für sie endet der Tag in der „Mattenklause", wo eine Gartenbahn durch das Gelände des einzeln gelegenen Gasthofs dampft.

Andere zieht es vielleicht in die „Tannenmühle", einem renommierten, auf Forellengerichte spezialisierten Schwarzwaldgasthof. Entlang von Schlücht und Mettma arbeiteten früher eine ganze Reihe von Mühlen. Eine davon war die schon 1095 erstmals erwähnte **Tannenmühle**, die 1832 ihren Standort an den heutigen Platz verlegte und hier bis 1952 in Betrieb war. 1986 wurde sie nach alten Vorlagen originalgetreu als attraktives „Mühlenmuseum" wieder aufgebaut und mahlt wieder Mehl – allerdings nur für den hauseigenen Bedarf. Zwischen Mühle und Hotel liegen Spielplatz und Streichelzoo. Zwergziegen, Hasen, Haus- und Hängebauchschweine toben dort im Freigehege zum Vergnügen von groß und klein. Auch Enten und Küken gibt es, die Kinder auch einmal in der Hand halten dürfen, was für manches Kind vielleicht zum schönsten Erlebnis dieses Ausflugs wird.

Wie kommt man nach Grafenhausen?
A 5, Ausfahrt Freiburg-Mitte, auf der B 31 bis Titisee-Neustadt.
A 81, Autobahndreieck Bad Dürrheim, A 864 bis Ausfahrt Donaueschingen, B 27 Richtung Donaueschingen, bei Hüfingen auf die B 31 bis Titisee-Neustadt.
Ab Titisee-Neustadt die B 317 Richtung Feldberg/Bärental, dort auf die B 500 bis Seebrugg, weiter über Rothaus nach Grafenhausen. Ca. 200 Meter nach der Abzweigung in Rothaus liegt links der Parkplatz „Hüsli".

Weglänge: 4 km (Rundwanderung Nr. 2)

Hüsli (Heimatmuseum des Landkreises Waldshut in Grafenhausen – Rathaus)

Öffnungszeiten:	1. Oktober bis 31. März	
	dienstags bis samstags	10.00 – 12.00 Uhr
	und	13.00 – 17.00 Uhr
	sonn- und feiertags	13.30 – 17.00 Uhr
	1. April bis 30. September	
	dienstags bis samstags	9.30 – 12.30 Uhr
	und	13.30 – 17.30 Uhr
	sonn- und feiertags	13.30 – 17.30 Uhr
Eintritt:	Erwachsene	DM 3,00
	mit Kurkarte	DM 2,50
	Kinder	DM 1,00
Auskünfte:	Telefon 0 77 48/5 20 41	

Schlüchtsee-Strandbad

Eintritt:	Erwachsene	DM 2,00
	Kinder (bis 16 Jahre)	DM 1,00
	Kinder (5 bis 10 Jahre)	DM 0,50

Garteneisenbahn „Mattenklause" (Grafenhausen-Vasslet)
Wie kommt man zur Mattenklause?
Ab Grafenhausen in Richtung Brenden. Nach ca. 2,5 Kilometern geht es an einer Kreuzung ab in Richtung Mettenberg. 100 Meter später weist ein Schild zur „Mattenklause".

Öffnungszeiten:	Mitte Mai bis Mitte Oktober	
	mittwochs, samstags und sonntags	15.00 – 18.00 Uhr
Eintritt:	Erwachsene	DM 2,00
	Kinder	frei

Tannenmühle
Wie kommt man zur Tannenmühle?
Ab Ortsmitte Grafenhausen in Richtung Birkendorf. Ca. 1,5 Kilometer hinter Grafenhausen geht es rechts weg zur Tannenmühle.

Öffnungszeiten:	März/April bis Oktober	
	täglich (außer dienstags)	ab 13.30 Uhr
	November bis Februar/März	
	nur sonntags	ab 13.30 Uhr
Eintritt:	Erwachsene	DM 2,50
	Kinder	DM 1,00
	Im Streichelzoo ist der Eintritt frei.	

Einkehrmöglichkeiten: Badischen Staatsbrauerei im Kurhaus Hotel
„Rothaus" (donnerstags Ruhetag)
„Mattenklause" mit Garteneisenbahn
(donnerstags Ruhetag)
„Tannenmühle" (dienstags Ruhetag)

Kartenempfehlungen:
1 : 75 000 RV 11462 Schwarzwald Südblatt
1 : 50 000 TOP Blatt 9 Schluchsee, Wutachtal

11 Badespaß inmitten von Tannenwäldern

An den Ufern von Titisee, Schluchsee und Windgfällweiher

Um Badespaß und Strandleben fast wie in südlichen Ländern zu genießen, braucht man nicht einmal weit zu fahren. An heißen Sommerwochenenden reicht dazu eine Fahrt zu den zentral gelegenen großen Seen des Südschwarzwalds. Gerade die Eigenheiten dieses reizvollen Mittelgebirges – seine Wälder und Wiesen, vor allem die prachtvollen Bauernhöfe, deren Anblick man an vielen Stellen sogar vom Strand aus genießen kann – machen aus einem solchen Ausflug einen Urlaubstag besonderer Art. Allen Seen gemeinsam ist die schon erwähnte gute Erreichbarkeit und ihre Erschließung hinsichtlich Gastronomie, Bade- und Wassersport. Alle drei bieten auch interessante Wandermöglichkeiten für all diejenigen, denen ein ganzer Tag am Wasser dann doch zu lang wird. Sie unterscheiden sich jedoch dadurch, wie lebhaft das Treiben an ihren Ufern ist. So findet jeder für seine Wünsche und Erwartungen das Richtige.

Trotz seiner heutigen Bedeutung als lebhafter, bekannter und beliebter heilklimatischer Kurort ist **Titisee** – inzwischen mit Neustadt zu Titisee-Neustadt zusammengeschlossen – kein gewachsener Ort. Er entstand aus einer Streusiedlung, die sich bis 1929 noch „Viertäler" nannte. Um so älter ist der See an sich. Die Gletscher der letzten, sogenannten Würmeiszeit, hobelten sein Becken aus, das sich nach dem Abschmelzen des Eises mit Wasser füllte. Schluchsee und Windgfällweiher sind übrigens ebenso und zeitgleich entstanden. Den Titisee zeichnet jedoch aus, daß er mit zwei Kilometern Länge, 745 Metern Breite und bis zu 40 Metern Tiefe den Rekord als größter Natursee innerhalb der deutschen Mittelgebirge hält.

Am **Titisee** geht es mit Abstand am turbulentesten zu. Professionell wird der Besucherstrom zunächst zu Parkplätzen gelenkt und dann durch ein viersprachiges Schild „See – Lac – Lago – Lake" auf den richtigen Weg gebracht. Er ist auch nicht zu verfehlen, denn ihn säumen unzählige Stände mit Souvenirs und Spielzeug, Feinkostläden, die Beerenweine, Speck und Honig anbieten, und natürlich etliche „clock-shops" mit Uhren aller Art. Alles in allem sind dies untrügliche Zeichen dafür, daß man sich hier in einem Stück „Vorzeigeschwarzwald" befindet, was andererseits für viele gerade auch seinen Reiz hat. Kinder und auch Erwachsene finden sicher ein Andenken an einen schönen Ausflug, haben Spaß, hier zu bummeln oder einzukehren; denn Cafés, Restaurants, Kioske und Eisständchen gibt es mehr als genug.

Hat man den Strand erreicht, wird es beschaulicher. Mehrere Verleiher stellen Tret-, Ruder- oder Elektroboote zur Verfügung. Zwei

11

Badespaß am Titisee

Veranstalter machen auf ihren Ausflugsschiffen Rundfahrten von rund 25 Minuten Dauer. Das macht Spaß und erfordert weder zeitliche noch finanzielle Anstrengungen. Wer seinen Besuch mit einem Bad im See verbinden will, ist am nördlichen Ufer im Strandbad (über die gleichnamige Straße oder am Ufer entlang, vom Bootsanlegesteg aus nach rechts zu erreichen) richtig. Neben den sanitären und den sonstigen Einrichtungen eines Bades gibt es hier die Möglichkeit, auch innerhalb des Geländes Boote zu mieten.

Wer dem Trubel entfliehen und trotzdem am See bleiben will, macht sich zu Fuß oder per Fahrrad auf, den See zu umrunden. Zu Fuß braucht man dazu – auf gut angelegten und gut ausgeschilderten Wegen – ca. 1,5 Stunden. Am besten beginnt man die Rundwanderung am Kurhaus in der „Strandbadstraße", der man am nordwestlichen Ufer folgt. Das hat den Vorteil, daß man das schönere südliche Ufer mit seinem hübschen Blick auf Ort und Boote länger genießen kann und sich beim Rückweg durch die „Seestraße" noch einmal in jeder Hinsicht versorgen kann, ehe man zu den Parkplätzen zurückkehrt.

Der **Windgfällweiher**, räumlich zwischen den beiden großen Seen gelegen, ist mit seinen heute 26 Hektar Wasserfläche der kleinste, aber auch der ruhigste und familiärste im Bunde der drei Seen. Der einst kleine Moorsee ist durch die Verbindung zum Schluchsee-Stausee nun um das Fünffache vergrößert, ohne dabei seinen Charme zu verlieren – und das, obwohl auch er durchaus erschlossen ist. Ein Bootsverleiher, ein kleines Strandbad, wo es auch Surfkurse gibt, sowie das Gasthaus „Seehof" bieten ihre Dienste an. Wer will, kann auf all das verzichten, frei baden, Mitgebrachtes verzehren und zwischendurch in einer knappen Dreiviertelstunde den See umrunden oder einen Ausflug nach dem zwei Kilometer entfernten *Altglashütten* unternehmen, das auf einem romantischen (am Gasthof nach der Brücke links abgehenden) Weg zu erreichen ist.

Der **Schluchsee**, wie man ihn heute kennt, ist mit rund 7,5 Kilometern Länge, 1,5 Kilometern Breite und bis zu 61 Metern Tiefe der größte See im Südschwarzwald. Das ist das knapp Siebenfache seiner natürlichen Größe. Wie die beiden anderen Seen ist der Schluchsee zwar eiszeitlichen Ursprungs, wurde aber zwischen 1929 und 1932 (Zeit des Staumauerbaus) aufgestaut. Seitdem ist der Schluchsee das größte Speicherbecken der Freiburger Schluchseewerke, die das älteste und größte deutsche Pumpspeicherwerk versorgen. An seinem südöstlichen Ende führt ein Stollen das Wasser über 162 Meter Fallhöhe parallel zur B 500 zum Kraftwerk bei Schwarzabruck. Das Becken bei Schwarzabruck ist zugleich der Speicher für die nächsttie-

Schluchsee

fere Stufe oberhalb von Witznau an der Schwarza. Das dritte Kraftwerk liegt (seit 1951) in Waldshut am Hochrhein. Von dort pumpt der billigere Nachtstrom das Wasser Stufe um Stufe wieder zurück. Doch von alledem merkt man dem Schluchsee selbst nichts an, sofern man nicht gerade unmittelbar an der 35 Meter hohen und 250 Meter langen Staumauer steht.

Der Schluchsee ist ein See, der Wasserfans alle Möglichkeiten bietet. An allen seinen Ufern ist freies Baden erlaubt, was viele nutzen. Für andere gibt es etliche Strandbäder. Im übrigen ist der Schluchsee gerade wegen seiner Größe ein wahres Eldorado für alle Wassersportler. Man kann nicht nur schwimmen, sondern auch surfen und segeln. Die Segelschule Schluchsee verleiht dazu Bretter und Boote; aber auch beim Strandbad Schluchsee werden Segelboote (für Leute mit Segelschein) verliehen. Natürlich dürfen da Ruder-, Tret- und Elektroboote nicht fehlen, die auch der Nachwuchs zumindest mitsteuern kann. Für alle, die es gemütlicher mögen, gibt es Seerundfahrten auf einem großen Ausflugsschiff, die ca. eine Stunde dauern. Dabei legt das Schiff an verschiedenen Stellen an, wo man zu- oder aussteigen kann.

Das könnte sich für all diejenigen als interessant erweisen, die den See nicht ganz, sondern nur ein Stück weit umwandern wollen. Stolze 20 Kilometer lang ist diese Rundwanderung nämlich, so daß man fünf Stunden Gehzeit veranschlagen muß. Wer die lohnende Tour trotzdem wagt, beginnt sie am besten in der Hafenbucht von Aha, die man über einen Holzsteg beim „Café am See" erreicht. Von dort wandert man am See entlang zu seinem nördlichen Ende. So gelangt man zum südlichen Ufer, dem reizvollsten Teil des Weges, von wo man einen schönen Blick über den See bis zum Ort Schluchsee genießt. Nur zwischen Seebrugg und Schluchsee verläßt man die Ufernähe. Auch die Markierung wechselt: vom *roten Punkt* zur *roten Raute mit weißem Balken*, dem Zeichen des Mittelwegs Pforzheim – Waldshut. Straßen braucht man an keiner Stelle zu überqueren. Bei der Schluchseehalle gelangt man durch eine Unterführung zum Ufer des Sees zurück, den Thaddäus Troll einmal „die Perle im grünen Schlips des Schwarzwalds" nannte, „mit (der) sich das Ländle Baden-Württemberg schmückt."

Wie kommt man zum Titisee?
A 5, Ausfahrt Freiburg-Mitte, dann auf der B 31 bis Titisee.
A 81, Autobahndreieck Bad Dürrheim, A 864 bis Ausfahrt Donaueschingen, B 27 Richtung Donaueschingen, bei Hüfingen auf die B 31 bis Titisee.
Am See gibt es ausreichend Parkplätze.
Bahnverbindung: Bahnhof Titisee (Höllentalbahn; siehe Kapitel 23)

Weglänge: 5,5 km

Mehrere Verleiher bieten Tret-, Ruder- und Elektroboote zu gleichen Preisen an.

Rundfahrten im Ausflugsschiff mit 25 Minuten Fahrtzeit bieten zwei Veranstalter, je nach Witterung von April/Mai bis Mitte Oktober, täglich ca. 8.30 bis 20.30 Uhr, zu gleichen Preisen an:

Fahrpreis:	Erwachsene	DM	6,00
	Kinder (4 bis 12 Jahre)	DM	2,50

Beheiztes Freibad Titisee
Öffnungszeiten:	täglich	9.00 – 18.00 Uhr	
Eintritt:	Erwachsene	DM	4,00
	ermäßigt und Kinder	DM	2,00
Auskünfte:	Telefon 0 76 51/82 72		

Wie kommt man zum Windgfällweiher?
Anfahrt wie Titisee bis Titisee-Neustadt, dann die B 317 am See entlang bis Bärental, dort die B 500 über Altglashütten bis zur (ausgeschilderten) Abzweigung zum Windgfällweiher.

Weglänge: ca. 2 km

Bootsverleih: (Preise personenzahlabhängig)

Strandbad
Öffnungszeiten:	Mai/Juni bis Ende August		
	täglich	10.00 – 18.00 Uhr	
Eintritt:	Erwachsene	DM	3,50
	Kinder (ab 6 Jahre)	DM	2,50

Wie kommt man zum Schluchsee?
Über Titisee, Windgfällweiher weiter auf der B 500; man erreicht den See an seinem nördlichen Ende bei Unteraha.
Bahnverbindung: Bahnhof Schluchsee (Höllentalbahn, Drei-Seen-Bahn)

Weglänge: 20 km

Segel-/Surfschule
Auskünfte: Telefon 0 76 56/3 66

Seerundfahrten
Öffnungszeiten: ganzjährig 10.00 – 18.00 Uhr (ab 10 Personen) Fahrtzeit ca. 1 Stunde, mehrere Anlegestellen am Ufer

Preise:	Erwachsene	DM	9,00
	Kinder (bis 10 Jahre)	DM	3,00
	Kinder (10 bis 14 Jahre)	DM	5,00
Auskünfte:	Telefon 0 76 56/4 49 und		
	01 61/3 71 72 37		

Bootsvermietung (in Schluchsee-Ort)
Auskünfte: Telefon 0 76 56/5 12

Einkehrmöglichkeiten: Gasthaus „Seehof" (dienstags Ruhetag)
„Café am See" (Juli und August durchgehend geöffnet, sonst mittwochs Ruhetag)

Kartenempfehlungen:
1 : 75 000 RV 11462 Schwarzwald Südblatt
1 : 50 000 TOP Blatt 9 Schluchsee, Wutachtal

Mach' es wie die Sonnenuhr ... 12

Heitere Stunden in Bernau

Heiter wirkt Bernau schon auf den ersten Blick. Es liegt nämlich in einem weiträumigen, nach Süden offenen Hochtal des Feldberggebiets. Von einer schützenden, bewaldeten Bergkette umgeben, erstrecken sich im sanft hügeligen Tal Wiesen und Weiden, unterbrochen von den Verdichtungen der zehn Ortsteile Bernaus und zahlreichen Einzelhöfen. Ein solch typischer Berghof ist der Resenhof. Heiterkeit strahlen auch die Bilder von Hans Thoma aus, dem hier an seinem Geburtsort eine ständige Ausstellung gewidmet ist. Den Rat, es wie die Sonnenuhr zu machen, nimmt man anscheinend ganz wörtlich. Wie sonst wäre es zu erklären, daß es in Bernau die ganze Bandbreite aller nur denkbaren Variationen zum Thema „Sonnenuhr" zu sehen gibt: an Häusern, in Gärten und im Kurgarten. Möglichkeiten also genug, hier einen schönen Tag zu verbringen.

Die Sonnenuhr ist ein Zeitmesser, der die Zeit durch den Schatten seines Stabes anzeigt. Wenn der Schatten am kürzesten ist, hat man 12.00 Uhr Ortszeit. Unsere normalen Uhren sind nach Mitteleuropäischer Zeit (MEZ) ausgerichtet. Durch Übereinkunft wurde festgelegt, daß überall in dieser Zeitzone zur selben Zeit Mittag ist. Keiner wüßte ja sonst, zu welcher Ortszeit Züge und Flugzeuge gehen. Keiner wüßte, wann er wo sein müßte. Denn: Weil sich die Erde dreht, ist an jedem Ort zu einer etwas anderen Zeit Sonnenhöchststand und damit Mittag. Die jeweilige Ortszeit, die auch als „wahre Ortszeit" bezeichnet wird, ist also überall ein bißchen anders. In Bernau ist deshalb nicht um 12.00 Uhr (MEZ), sondern erst um 12.28 Uhr (MEZ) Mittag. Wer das alles ein bißchen genauer wissen möchte, wen interessiert, wie man die wahre Ortszeit für andere Orte ausrechnen kann und wer mehr über die einzelnen Stationen dieses „Sonnenuhr-Bummels" erfahren möchte, dem sei das „Wegweiser- und Erläuterungsheft" von Heinz Schumacher empfohlen, das über die Gemeinde-/Kurverwaltung Bernau erhältlich ist. Die folgenden Informationen beziehen sich darauf, setzen aber eine andere Reihenfolge fest. Denn wer vom Schluchsee herüberkommt, braucht zunächst gar nicht ins „Dorf" zu fahren, um zum Resenhof zu gelangen.

Bereits vor Bernau zweigt nämlich links ein Sträßchen nach Weierle und Gaß ab. Schon in *Weierle* findet sich die erste Sonnenuhr: im Blumenrondell vor dem Werkstattgebäude Franz Bauers (Bernau-Weierle 30) steht lotrecht ein Holzscheit, der sich auf den zweiten Blick als Uhr entpuppt. Eine zweite Sonnenuhr trifft man beim Gasthaus „Schwanen" (Bernau-Oberlehen) am Brunnentrog im Garten. Als Zifferblatt dient ein alter Schleifstein. Das besondere bei dieser Sonnenuhr ist, daß sie auch die Monate angibt. Die Punkte dieser Skala stehen jeweils für den Monatsersten.

Dann ist der **Resenhof** in *Oberlehen* erreicht. Der 1789 erbaute Resenhof dokumentiert den typischen Baustil der Gegend: den Hochschwarzwälder Eindachhof, der wie stets Wohn- und Wirtschaftsteil unter einem Dach vereint. 1977 wurde er von der Gemeinde übernommen und – baulich unverändert – zu einem sehens- und liebenswerten Museum umgestaltet. Die Räume sind komplett eingerichtet, die Schlafstube ebenso wie der Herrgottswinkel. Schön ist die rußigschwarze Küche, über der auf zwei Ebenen Würste und Speck geräuchert wurden. Besonders interessant ist die Präsentation verschiedenster Arten der Holzverarbeitung. Das Schneflertum, unter dem man die Verarbeitung des Holzes zu Schindeln für Hauswände und Dächer, das Kellenschnitzen, die Skiherstellung und natürlich die Herstellung von Möbeln zusammenfaßt, sind von jeher hier heimisch. Auch noch heute nimmt das holzverarbeitende Gewerbe breiten Raum ein. Viele Geräte und Gerätschaften aber, die im Resenhof gezeigt werden, muten schon fast „exotisch" an und sind gerade deshalb so reizvoll anzuschauen.

Vom Resenhof setzt man seinen Weg nach *Innerlehen* fort. Bäuerliches Leben, ländliche Idylle, deren doch recht harte Realität man eben erst erfahren hat, wurden vom Maler Hans Thoma romantisierend verklärt. Lohnend ist die dem 1839 in Bernau geborenen Künstler gewidmete Hans-Thoma-Ausstellung im Rathaus trotzdem, die Einblick in sein vielfältiges Schaffen gibt.

Etliche weitere spannende Sonnenuhren gibt es im *Kurpark* hinter dem Rathaus. An erster Stelle zu nennen ist da die Findling-Sonnenuhr. Sie ist deshalb etwas ganz Besonderes, weil sie den wirklich „wahren Mittag" in verschiedenen Weltstädten anzeigt! Für viele Kinder dürfte aber die Boden-Sonnenuhr am spannendsten sein. Um bei ihr die Zeit erkennen zu können, muß man sich auf eine in den Boden eingelassene Platte stellen und so selbst als Zeiger dienen. Der eigene Körperschatten sagt uns die jeweilige Uhrzeit an! Zu finden ist diese Sonnenuhr übrigens auf dem Boden der Konzertterrasse, oberhalb des Weihers. Auch der lohnt übrigens einen zweiten Blick. Auf ihm gibt es unzählige Enten, die man – ein Futterautomat ist vorhanden – sogar füttern darf. Links vom Weiher wird man durch eine schräg aus dem Boden ragende hölzerne Stange auf die Gelände-Sonnenuhr aufmerksam. Die Stundenmarken sind bei ihr auf Granitblöcken eingraviert, die im Halbkreis angeordnet sind. Und schon entdeckt man wieder eine! Die Mittag-Sonnenuhr. Sie zeigt auf einem ehemaligen Grenzstein der Gemeinde sowohl den wahren als auch den Mittag nach MEZ an.

70

Im Resenhof

Nun gilt es, sich zu beraten, wie es weitergehen soll. Wer noch Lust verspürt, mehr und andere Sonnenuhren zu entdecken, findet sie – eine nach der anderen – an Hauswänden und Gärten in den Ortsteilen Dorf, Riggenbach, Kaiserhaus und Altenrond (Haus A. Schmidt,

Dorf 77; Haus Pasternak, Riggenbach; Haus Köpfer, Riggenbach; Haus Sailer, Kaiserhaus 6, im Garten an der Westseite des Hauses; Haus Schweizer, Kaiserhaus 31; Haus Dieter Schmidt, Kaiserhaus 24, im Garten liegend; Haus Albiez, Altenrond 2). Wie sie aussehen und was sie anzeigen, wird nicht verraten!

Wer sich zu Fuß aufgemacht hat, alle Sonnenuhren zu finden, macht einen weiten Spaziergang, fast schon eine kleine Wanderung, die mit den Besichtigungen zusammen den Aufenthalt in Bernau gut ausfüllt und genug Bewegung bringt.

Alle Sonnenuhr-Standorte sind jedoch auch bequem im Auto anzufahren. So können bei dem einen oder anderen doch noch Energien freibleiben. Gut geeignete Ausgangspunkte für zusätzliche Wanderungen sind der Wanderparkplatz Rotes Kreuz an der Straße nach Todtmoos oder der Wanderparkplatz Dorfbrücke zwischen Innerlehen und Dorf. Wenn dann am Ende alle müde und zufrieden, aber hungrig sind, kann man die Einkehr in einem der besonders schönen, urig-gemütlichen Gasthöfe Bernaus als I-Tüpfelchen setzen.

Wie kommt man nach Bernau?
A 5, Ausfahrt Freiburg-Mitte, auf der B 31 bis Titisee-Neustadt.
A 81, Autobahndreieck Bad Dürrheim, A 864 bis Ausfahrt Donaueschingen, B 27 Richtung Donaueschingen, bei Hüfingen auf die B 31 bis Titisee-Neustadt.
Ab Titisee-Neustadt die B 317 Richtung Feldberg/Bärental, dort auf die B 500 bis Aha; dort rechts über Äule, dann steht auch bereits Bernau angeschrieben.

Resenhof (Holzschnefler- und Bauernmuseum, Ortsteil Oberlehen)

Öffnungszeiten:	1. Mai bis 30. Juni sowie 1. September bis 31. Oktober	
	dienstags bis sonntags	14.00 – 17.00 Uhr
	1. Juli bis 31. August	
	dienstags bis samstags	10.00 – 12.00 Uhr
	und	14.00 – 17.00 Uhr
	sonntags	14.00 – 17.00 Uhr
	1. November bis 30. April	
	mittwochs und sonntags	14.00 – 16.00 Uhr
	15. November bis 25. Dezember geschlossen	
Eintritt:	Erwachsene	DM 4,00
	Kinder, Schüler (bis 16 Jahre)	DM 2,00
Auskünfte:	Telefon 0 76 75/16 00 30	
	0 76 75/16 00 40	

Hans-Thoma-Gemäldemuseum (im Rathaus, Ortsteil Innerlehen)
Öffnungszeiten:	dienstags bis freitags	10.00 – 12.00 Uhr
	und	14.00 – 17.00 Uhr
	samstags, sonn-, feiertags	10.30 – 12.00 Uhr
	und	14.00 – 18.00 Uhr
	montags geschlossen	
	15. November bis 10. Dezember geschlossen	
Eintritt:	Erwachsene	DM 4,00
	Kinder, Schüler (bis 16 Jahre)	DM 2,00
Auskünfte:	Telefon 0 76 75/16 00 30	
	0 76 75/16 00 40	

Hans-Thoma-Geburtshaus
Das Haus liegt im Ortsteil Oberlehen, ist noch heute Privatbesitz der Familie Thoma und wird von ihr bewohnt. Daher darf auch niemand böse sein, wenn seine Besichtigung einmal nicht möglich sein sollte.

Weglänge: ca. 8 km

Öffnungszeiten:	dienstags bis sonntags	10.00 – 12.00 Uhr
	und	14.00 – 17.00 Uhr
Eintritt:	frei	
Auskünfte:	bei Familie Thoma	
	Telefon 0 76 75/15 71	
	0 76 75/14 91	

Einkehrmöglichkeiten: Gasthaus Schwanen (in Bernau-Oberlehen)
Gasthöfe in Bernau

Kartenempfehlungen:
1 : 75 000 RV 11462 Schwarzwald Südblatt
1 : 50 000 TOP Blatt 6 Kaiserstuhl, Feldberg, Freiburg

13 Wanderziel Wasserfall

Ein Ausflug ins Todtnauer Ferienland

Der Ausflug ins Todtnauer Ferienland bleibt den Kindern sicher als einer der schönsten (Ferien-)Erlebnisse in Erinnerung. Warum? Weil es ein Ausflug ist, der viel Raum läßt für eigene Aktivitäten, und weil selbst Erlebtes natürlich viel mehr Spaß macht. Was kann man also tun? Zunächst einmal den Wasserfall von unten her erobern, seinen Wildbach auf Brückchen und über Steine kletternd mehrfach queren, in der Mitte der Absturzkante stehen und in die Tiefe hinuntersehen und später im Glasbläserhof vielleicht sogar selbst einmal in die Glasbläserpfeife blasen.

Der Hauptzugang zum **Todtnauer Wasserfall** (der hier – anders als in Triberg – kostenlos ist) liegt in einer engen Kehre der Landstraße. Zahlreiche Parkplätze entlang der Straße machen die Stelle unübersehbar. Auf angenehm breiten Wegen kann man am Kiosk vorbei durch Tannen-, Fichten- und Buchenwälder in wenigen Minuten zum Wasserfall gelangen.

Viel mehr Spaß macht es allerdings, den Wasserfall von unten her richtiggehend zu „erobern". Mit 97 Metern Höhe ist er Deutschlands höchster Wasserfall!

Egal, ob man man per Bus am Busbahnhof angekommen ist oder im eigenen Wagen, idealer Ausgangspunkt ist das *„Haus des Gastes"* in Todtnau. Von hier aus folgt man zunächst dem Schild *„Stadtmitte"*, gelangt zum *Marktplatz*, mit Brunnen und Cafés, und zur mit ihren zwei markanten Türmen den Platz beherrschenden Kirche.

Hier beginnt nun die eigentliche Wanderung. Ein kleines Schild zu Füßen der Kirche weist den Weg die „Freiburg Straße" hinaus. Dort, wo sie anzusteigen beginnt, zweigen wir rechts ab, gehen die „Sonnhalde" hinauf. Wo sie eine Rechtskurve macht, bleiben wir geradeaus und gehen geradewegs in den Wald hinein. Bald schon treten wir jedoch wieder heraus, erkennen links am Hang den Ort *Aftersteg* ausgebreitet, rechts – etwas versteckt und doch schon jetzt recht imposant – den Wasserfall. Über einen schmalen Wiesenpfad quer über eine Weide gelangen wir zum Stübenbächle.

Das Stübenbächle, das oben den Todtnauer Wasserfall speist (weshalb er manchmal „Stübenbach-Wasserfall" heißt, doch das wissen nur wenige!), ist hier unten zunächst noch ein ruhiges Bächle. Je weiter man ihm aber nach oben folgt, desto mehr nimmt es den Charakter eines Wildbachs an, der sich über herabgestürzte Felsblöcke und durch Strudeltöpfe hindurch seinen Weg sucht. Als Wanderer kreuzt man ihn immer wieder auf Brückchen, ehe man unten auf einer Brücke quer vor dem **Hauptfall** steht und staunend zusieht, wie sich

13

Am Todtnauer Wasserfall

das Wasser rund 60 Meter fast senkrecht herabstürzt. Der vollständig naturbelassene Wasserfall wird nicht umsonst zu den zehn schönsten Naturdenkmälern in Deutschland gerechnet!

Kinder werden sich mit diesem Anblick nicht zufriedengeben, denn das spannendste steht ja noch aus. Ein schmaler Steg (mit Geländern gesichert) führt links des Falls über Treppen in engen Serpentinen bis hinauf zur Absturzkante, die ebenfalls von einem schmalen Brückchen überquert wird. Hier steht man nun, sieht die scharfe Kante, über die sich das schäumende Wasser stürzt und fragt sich natürlich, wie und warum so ein Wasserfall hier entstehen konnte.

Daran hat – wie so oft – wieder einmal die Eiszeit schuld. Beim Höchststand der Vereisung erstreckten sich die Ausläufer des Feldberggletschers bis Notschrei, flache Firnbrückchen reichten sogar bis zum Schauinsland- und Belchengebiet. Im Gebiet um Todtnau drängte der mächtige Gletscher des Hauptales das Eis des Seitentales zurück, weshalb es sich auch weit weniger tief einschneiden konnte. Nach dem Abschmelzen des Eises blieb deshalb für das Stübenbächle ein Höhenunterschied von über 200 Meter zu überwinden, was wegen des harten Gesteins nur im Wasserfall überhaupt möglich war. Die Besichtigung des Wasserfalles lohnt sich besonders im Frühjahr, wenn durch die Schneeschmelze imposante Wassermassen herabstürzen, oder im Winter, wenn der Wasserfall zu Eis erstarrt ist.

Doch zurück zum heutigen Zustand. Oberhalb der Brücke, die sich sozusagen am Kopf des Hauptfalles befindet, schließt sich eine klammartige Bachstrecke an, in der noch verschiedene Wasserkaskaden ausgebildet sind. Es macht Spaß, hier von Stein zu Stein zu springen oder durch den Miniaturstrudel zu waten. Hier oben ist das gefahrlos möglich. Wer gerne einkehrt, findet dazu hier oben im Restaurant „Waldblick" Gelegenheit.

Für den Rückweg gehen wir am besten nochmals den Wasserfall entlang hinunter bis zu seiner Unterkante. Dort wenden wir uns nach links, folgen der *blauen Raute*. Im Wald stets bergabgehend treffen wir schließlich auf unseren vorigen Weg, oberhalb der „Sonnhalde" und finden nun mühelos zurück in die Stadt.

Wer noch zum **Glasbläserhof in Todtnau-Aftersteg** will, einem lohnenden Ziel, kann sich auch dort verpflegen. Restaurant/Café, Glashütte, Museum und Verkaufsraum sind unter einem Dach versammelt. Fünfmal täglich finden Vorführungen am Ofen statt, bei denen die alte Kunst der Glasherstellung anschaulich erläutert wird. Wenn die Eltern es erlauben, dürfen Kinder dabei auch einmal selbst in eine Glasmacherpfeife hineinblasen.

Wie kommt man zum Wasserfall?
A 5, Ausfahrt Freiburg-Mitte, dann die B 31a/B 31 bis Kirchzarten, über Landstraßen durch Oberried und Notschrei in Richtung Todtnau.
A 81, Autobahndreieck Bad Dürrheim, A 864 bis Ausfahrt Donaueschingen, B 27 Richtung Donaueschingen, bei Hüfingen auf die B 31 bis Titisee-Neustadt, B 317 bis Todtnau. Dort weiter Richtung Schauinsland. In Todtnau gibt es am „Haus des Gastes" ausreichend Parkmöglichkeiten.
Für die, die nicht zum Wasserfall wandern möchten, gibt es einen großen Parkplatz in Todtnau-Aftersteg, in einer Kurve an der L 126 Todtnau-Freiburg, nur in kurzer Gehentfernung zur Abrißkante des Wasserfalls.
Mit öffentlichen Verkehrsmitteln wäre eine denkbare Variante, von Todtnau bis Todtnau-Berg mit dem Bus zu fahren, dann den Rückweg nach Todtnau wie beschrieben wandern. Auskünfte dazu und zum Gebiet im Allgemeinen erteilt die Kurdirektion Todtnau, Telefon 0 76 71/3 75.

Weglänge: ca. 6 km

Glasbläserhof (Todtnau-Aftersteg)
Öffnungszeiten:	Glashütte, Museum und Verkaufsraum	
	täglich	9.00 – 18.00 Uhr
	Café/Restaurant	
	täglich	9.00 – 18.00 Uhr
	Vorführungen am Ofen mit Vortrag täglich	
	10.30/11.30/14.00/15.00 und 16.00 Uhr	
Eintritt:	zur Glasbläserdemonstration am Ofen	
	Erwachsene	DM 3,00
	Kinder (bis 12 Jahre)	DM 2,00
Auskünfte:	Telefon 0 76 71/80 50	

Einkehrmöglichkeiten: Restaurant „Waldblick" (mittwochs Ruhetag)
Restaurant/Café im Glasbläserhof (kein Ruhetag

Kartenempfehlungen:
1 : 75 000 RV 11462 Schwarzwald Südblatt
1 : 50 000 TOP Blatt 6 Kaiserstuhl, Freiburg, Feldberg

14 Per Kinderwagen oder fast alpin?

Am Feldberg findet sich für jeden das Richtige

Den Feldberg wird kein Besucher des südlichen Schwarzwalds und schon gar kein Wanderer auslassen. So wie er selbst von weitem zu erkennen ist, bietet er im Gegenzug eine fast unglaubliche Aussicht – bei klarem Wetter bis zu den Alpen, eventuell sogar bis zum 243 Kilometer entfernten Montblanc. Doch selbst wenn die Fernsicht einmal nicht so weit reichen sollte, lohnt sich der Blick über die Täler und Kuppen der näheren Umgebung. Daß viele dies genießen wollen, macht sich natürlich bemerkbar. Am Wochenende bewegen sich hier wahre Menschenmassen. Sie in die richtigen Bahnen zu lenken, damit Flora und Fauna im Gleichgewicht gehalten und Deutschlands ältestes Naturschutzgebiet bewahrt wird, ist die Aufgabe des Feldberg-Rangers Achim Laber. Sein Anliegen ist, schon Kindern zu vermitteln, was er tut und warum das so wichtig ist. Wie gut und spannend er das macht, zeigt sich darin, daß der Junior-Ranger-Kurs in den Sommerferien jedes Jahr meist schon lange im voraus ausgebucht ist.

Wegen verschiedener Einrichtungen im Gipfelbereich ist der Feldberg einer der wenigen Berge, auf den richtige, hier aber für Kraftfahrzeuge gesperrte, Straßen führen. Für Leute mit kleineren Kindern ist dies ausnahmsweise einmal sogar von Vorteil: Auf den höchsten Punkten von Deutschlands höchstem Mittelgebirge kann man Sonntag nachmittags mit dem Kinderwagen spazieren gehen!

Wer's ruhiger mag, sollte wochentags, möglichst schon morgens, auf den Feldberg kommen. Da kann es sogar im August geschehen, daß man hier oben fast alleine ist. Oder man unternimmt eine kleine Wanderung, die einem bald alle – auf den ersten Blick noch verborgenen – Schönheiten des Gebiets erschließt.

Wie aus diesen wenigen Worten schon anklang, ist der Feldberg kein gewöhnlicher Berg. Er ist nicht einmal ein Berg, sondern ein mehrere Kilometer langer, von Nordwesten nach Südosten verlaufender Gebirgsstock, ein Massiv, aus dem sich drei runde, waldfreie, zusammenhängende Kuppen erheben: Feldberg (1 493 m), Baldenweger Buck (1 461 m) und Seebuck (1 448 m).

Der *Seebuck* ist das erste Ziel der im folgenden beschriebenen Wanderung, das man vom beliebtesten und zugleich bequemsten Zugang, dem „Feldberger Hof", in Angriff nimmt. Den ersten, anstrengenden Teil der Wanderung kann man sich schenken – nicht nur aus Bequemlichkeit, sondern auch weil die Fahrt mit der **Sesselbahn** nicht

14

Am Feldberg

nur für Kinder ein zusätzliches Vergnügen ist. Außerdem werden so in nur 12 Minuten 170 Meter Höhenunterschied überwunden.

Wer sich zum Aufstieg zu Fuß vom „Feldberger Hof" aus entschließt, folgt der *roten Raute* am linken Rand des im Sommer als Naturschutzgebiet gesperrten Skihangs. In weiten Serpentinen führt der Weg hinauf bis zum *Bismarck-Denkmal* an der Bergstation des Lifts. Dann geht es weiter zum *Fernsehturm*. Allein wegen des Panoramas, das einen auf dem Weg zum Gipfel des Feldbergs begleitet, lohnt es sich schon, hinüberzugehen und die Orientierungsplatte aufzusuchen. Man findet sie zwischen dem Luisenturm und der Wetterwarte.

Auf dem Schotterweg geht man anschließend ein Stück weit zurück in Richtung der Sesselbahn, quer über eine Weide, auf der im Sommerhalbjahr friedlich Kühe grasen. Schaut man dabei links hinunter, sieht man ins sogenannte *Zastler Loch*. Noch heute reichen Lawinenabgänge bis in die Nähe der ebenfalls sichtbaren *Zastler Hütte*. Schließlich zweigt der Weg mit *blauer Raute* zum *Rinken* ab, um gleich darauf in einen richtig romantischen, steinigen Pfad überzugehen, der knapp unterhalb der Baumgrenze verläuft. Und bald bieten sich auch hier wieder phantastische Fernblicke.

Nach einem kleinen, alpin anmutenden Abstieg sind zwei ideale Rastmöglichkeiten erreicht: das „Naturfreundehaus Feldberg" und die einladende „Baldenweger Hütte". Zwischen Weideflächen wandert man nun auf einem Fahrweg, von dem man später wieder auf einen Pfad abzweigt, immer noch der *blauen Raute* nach bis zum *Rinken*. Ponys und Kühe stehen hier auf der Weide. Ein ca. 300 Meter langer Abstecher führt zu einem Gasthof, dem „Jägerheim".

Der direkte Weg führt unmittelbar am Waldrand weiter nach rechts zum *Felsenweg*. Nach der Schranke steigt er leicht an. Dieser Abschnitt der Wanderung ist noch einmal sehr romantisch, liegt in einem wunderschönen Wald aus bizarr wachsenden Bäumen, lichten Stellen mit Farnen oder Heidelbeersträuchern, Felsen und Bächen. Ab und zu erhascht man einen Blick auf den *Feldsee* hinunter. Fast kreisrund liegt er genau 1 111 Meter hoch in einem während der letzten Eiszeit vom Gletscher ausgehobenen Becken, einem sogenannten Kar. Bei 300 Meter Durchmesser ist er bis zu 33 Meter tief. Bäche, die vom Feldberg kommen, speisen ihn. Sein Abfluß ist der Seebach. Er fließt weiter in den Titisee, tritt dort als Gutach aus und wird nach dem Zusammenfluß mit der Haslach zur Wutach (siehe Kapitel 16), die wiederum bei Waldshut-Tiengen in den Rhein mündet.

So richtig sieht man den Feldsee erst gegen Ende des Felsenpfads. Dabei sieht man zugleich, wie steil die Felsen zum Feldsee hin abfallen, so daß die zahlreichen Warntafeln, sich nicht am seeseitigen Abhang aufzuhalten, mehr als berechtigt sind. Wenn man dies beherzigt, ist der Pfad jedoch sicher zu begehen, er gewinnt eher noch durch das vage Gefühl einer nahen Gefahr an Reiz. Der Felsenpfad endet schließlich oberhalb der Talstation des Sessellifts, die man mit wenigen Schritten geradewegs bergab erreicht. Unermüdliche Kinder haben hier noch die Möglichkeit, sich auf einem Spielplatz auszutoben. Kioske, Imbißstände, ein Restaurant und das Hotel „Feldberger Hof" bringen Hungrige und Durstige wieder auf Vordermann, verschiedene Läden halten allerlei Andenken und Souvenirs an diesen Ausflug bereit.

Wie kommt man zum Feldberg?
A 5, Ausfahrt Freiburg-Mitte, dann über Kirchzarten, Oberried, Todtnau, Feldberg.
A 81, Autobahndreieck Bad Dürrheim, A 864 bis Ausfahrt Donaueschingen, B 27 Richtung Donaueschingen, bei Hüfingen auf die B 31 bis Titisee-Neustadt, weiter auf der B 317 bis Feldberg. Freie Parkplätze stehen beschränkt zur Verfügung; reichlich Plätze sind dagegen auf dem gebührenpflichtigen Großparkplatz vorhanden.

Bahnverbindung:	stündlich ab Hauptbahnhof Freiburg mit der „Drei-Seen-Bahn" (einer Doppelstockbahn!)
Busverbindung:	ab Hauptbahnhof Freiburg über Titisee zum Feldberg
Parkgebühr:	pro Pkw und Tag　　　　　　　　DM　5,00
Weglänge:	Spaziergang:　　　im Gipfelbereich beliebig
	Wanderung:　　　　　　　　　　　　12 km
Öffnungszeiten:	täglich　　　　　　　　　9.00 – 18.00 Uhr
Auskünfte:	zum Feldberg-Gebiet:
	Tourist-Information Feldberg, Kirchgasse 1,
	79868 Feldberg-Altglashütten,
	Telefon 0 76 55/80 19 oder
	Tourist-Information Feldberg, Paßhöhe,
	79868 Feldberg-Ort, Telefon 0 76 76/2 50.
	Den Feldberg-Ranger Achim Laber erreicht man bei der Naturschutz-Information Feldberg, Telefon 0 76 76/2 56.

Feldberg-Sesselbahn
(Sie wirbt mit dem Spruch „Mühelos zum Höchsten" – Höchsten ist ein Beiname des Feldberggipfels).

Öffnungszeiten:	in der Nebensaison
	täglich　　　　　　　　　9.00 – 12.30 Uhr
	und　　　　　　　　　　13.15 – 16.30 Uhr
	in der Hauptsaison
	täglich durchgehend　　　　9.00 – 17.00 Uhr
Preise:	Bergfahrt:
	Erwachsene　　　　　　　　　　DM　8,00
	Kinder (5 bis 15 Jahre)　　　　　　DM　7,00
	Berg- und Talfahrt:
	Erwachsene　　　　　　　　　　DM 10,00
	Kinder (5 bis 15 Jahre)　　　　　　DM　9,00
	(Kinder bis 5 Jahre fahren kostenlos)

Auskünfte: Feldberg-Sesselbahn, Telefon 0 76 76/2 78 oder Kurbüro Feldberg-Ort, Telefon 0 76 76/2 50
Durch den geplanten Bau einer neuen Sesselbahn können sich Veränderungen ergeben.

Einkehrmöglichkeiten: „Feldberger Hof" (kein Ruhetag)
„Naturfreundehaus Feldberg" (Ruhetag bitte jeweils selbst unter Telefon 0 76 76/3 36 erfragen)
„Baldenweger Hütte" (montags Ruhetag)
„Jägerheim" (mittwochs Ruhetag)

Kartenempfehlungen:
1 : 75 000 RV 11462 Schwarzwald Südblatt
1 : 50 000 TOP Blatt 6 Kaiserstuhl, Freiburg, Feldberg
1 : 30 000 Atlasco-Wanderkarte Nr. 238

Durch Moor und Schlucht 15

Von Attraktion zu Attraktion in der Umgebung Hinterzartens

Wie kaum ein anderer Ort des Südschwarzwalds eignet sich der oberhalb des Höllentals gelegene, heilklimatische Kneippkurort Hinterzarten als Ausgangspunkt für zahllose Wanderungen in alle Himmelsrichtungen. Für erwachsene Wanderer reicht das als Grund, einmal hierher zu kommen, für Kinder nicht. Sie erwarten, daß sich unterwegs etwas tut, daß es etwas zu sehen und zu erleben gibt. Sie wollen immer wieder aufs neue motiviert werden. Genau so eine Wanderung ist die im folgenden beschriebene. Sie führt vom Hinterzartener Moor in die Ravenna-Schlucht und durchs Löffeltal zurück, durch Wälder, an Bächen entlang, vorbei an herrlichen Höfen, zwischen Weiden, auf denen Pferde, Kühe oder Ziegen stehen. Man kommt an verschiedenen Mühlen vorbei, kann unterwegs eine Waldglashütte und vielleicht sogar eine Kuckucksuhrenwerkstatt besuchen. Das alles ist auch mit kleinen Kindern gut zu machen. Man braucht nur diese Tour, die für eine Erwachsenengruppe als Halbtagesausflug gilt, auf die Dauer eines vollen Tages auszudehnen, was bei der Vielzahl von Sehenswürdigkeiten fast automatisch geschieht.

Ausgangspunkt der Rundwanderung, die in weiten Teilen auf dem „Heimatpfad" verläuft, ist der *Bahnhof Hinterzarten*. Genau gegenüber dem Eingang des Stationsgebäudes steht eine Orientierungstafel, deren eines Schild zum „Heimatpfad Hochschwarzwald über Hochmoor/Obere Ravenna" weist. Ortsauswärts gehend sieht man die Kirche, den Adlerweiher und die Adlerschanze. Hinterzarten ist nämlich auch Wintersportort, die Adlerschanze sogar für alpine Meisterschaften ausgebaut.

Direkt am Weiher, an dem oft zahlreiche Vögel zu beobachten sind, vor dem Feuerwehrhaus führt der Weg nach links über die Bahnlinie direkt ins Moor.

Das **Hinterzartener Moor** ist ein in seinem Mittelpunkt immerhin acht Meter tiefes Hochmoor mit der dafür typischen Vegetation, die man auf Tafeln am Wegrand erläutert bekommt. Wie viele andere Moore im Schwarzwald hat es sich aus der Verlandung eines Sees gebildet, der im Zug der letzten Eiszeit vor rund 12 000 Jahren entstand. Ein Bretterweg, den man nicht verlassen darf, geht mitten durch das unter Naturschutz stehende Gebiet. Bald nach seinem Ende gibt es schon wieder etwas Sehenswertes: die uralte *Königsfichte,* die sich durch ihren höchst seltenen „Kandelaberwuchs" auszeichnet. Wer davor steht, weiß, daß man dafür kein besseres Bild als das eines vielarmigen Kerzenleuchters hätte wählen können!

15

Über einen Fußgängersteg quert man nun gefahrlos die B 31 beim Hotel/Restaurant „Lafette". Hier hat man einen herrlichen Blick über das ganze Tal zu den großen, stattlichen Höfen, die zum Teil noch aus der Mitte des 16. Jahrhunderts stammen und dem höchsten Berg der Umgebung, dem *Hochkopf.* Mit 920 Metern über dem Meeresspiegel ist dieser Aussichtsplatz zugleich der höchste Punkt der Höllentalbahn (siehe Kapitel 23).

Direkt links vom „Lafette" zieht sich ein asphaltiertes Sträßchen bergauf Richtung Heiligenbrunn. Ihm folgt man bis an die Pension „Haus Hitz", vor der ein *gelber Balken* den Weg zur Ravenna-Schlucht markiert. Bis dorthin ist es aber noch ein schönes Stück zu gehen: erst entlang von Weiden, auf denen in der wärmeren Jahreszeit Kühe und herrliche Schwarzwälder Pferde stehen, dann durch den Wald. Wenige Meter nach Erreichen des Waldrands nimmt man den querenden Weg nach links in Richtung des Gästehauses „Faller". Das zur Schlucht weisende Zeichen taucht erst später – fast an der B 500 – wieder auf, zudem nun als *gelber Kreis.*

Hat man die Straße erreicht und überquert, Sägewerk und Schützenhaus sowie verschiedene Einkehrmöglichkeiten passiert, tritt man wieder in den Wald. Man geht nun einen Weg am Bach entlang knapp hinter dem Waldrand, der den Blick auf weitere schöne Höfe freiläßt. Eine hübsche, direkt am Weg liegende Rastmöglichkeit ist das Café „Haus Ketterer".

Etwa auf der Hälfte des Wegs, den man von hier der rauschenden Ravenna entlang durch die Schlucht zurückzulegen hat, steht die **Großjockenmühle**. Sie ist das typische Beispiel einer Schwarzwälder Hofmühle. Mühlen gehörten früher zu allen großen Höfen. Die Großjockenmühle mahlte bis 1956 das Getreide ihres Besitzers. 1977 wurde sie renoviert und kann nun gelegentlich an Sonn- und Feiertagen besichtigt werden. Wer nicht das Glück hat, einen solchen Tag zu erwischen, dem gibt eine Tafel Auskünfte über die Mühle.

Wenig später ist man endlich mittendrin in der **Ravenna-Schlucht**. Steile Leitern helfen die Höhenunterschiede der tief eingegrabenen Ravenna zu überwinden, Brückchen führen hin und her über den Bachlauf und geben den Blick frei auf Strudel, kleine und größere Wasserfälle, auf umgestürzte Bäume. Die Schlucht selbst wurde in Privatinitiative durch eben diese Brückchen schon 1875 begehbar gemacht. Seit 1970 werden sie vom Schwarzwaldverein instand gehalten. Gegenüber dem Wasserfall am Hang soll übrigens ein beliebter Standort des im Schwarzwald heimisch gewordenen Gamswilds sein. Vielleicht hat man ja etwas Glück und sieht dort Gemsen klettern.

Unter den imposanten, 40 Meter hohen Bögen des 224 Meter langen Höllental-Eisenbahnviadukts hindurch erreicht man nun in kür-

15

Schwarzwälder Idylle

zester Zeit den traditionsreichen Gasthof „Sternen", in dem schon Goethe eingekehrt sein soll. Wer mit einer Gruppe unterwegs ist, kann sich in der unmittelbar benachbarten Kuckucksuhrenwerkstatt anmelden, die anders nicht mehr zugänglich ist.

Eine weitere Sehenswürdigkeit an dieser Stelle ist die **St. Oswald Kapelle**. 1148 geweiht, öfter um- und ausgebaut, mehrfach renoviert, gehört sie heute zum Wertvollsten, was kirchliche Kunst im Schwarzwald zu bieten vermag. Wer sich dafür interessiert, sollte sich nicht die Gelegenheit entgehen lassen, den Kirchenschlüssel im Gasthof „Sternen" zu holen. Für weniger Interessierte lohnt immerhin der von außen zu erhaschende schaurig-faszinierende Blick ins Beinhaus, wo Knochen und Schädel einen unordentlichen Haufen bilden.

15

Höllen-Viadukt

Der Gang zur Kapelle ist für die restliche Wanderung kein Umweg. Unterhalb der Kapelle erreicht man durch eine kleine Fußgängerunterführung die andere Straßenseite. Man geht rechts ein ganz kurzes Stück der Straße entlang, links über einen Steg und gleich darauf den ersten unbezeichneten Waldweg bergauf, schon befindet man sich auf dem „Jägerpfad", auf dem man wiederum nach links in

Richtung Hinterzarten wandert. Von halber Höhe hat man nochmals einen schönen Blick auf den „Sternen" und das Viadukt. Etwas später steigt man wieder ins Höllental hinab, wo der Weg (Heimatpfad) durchs Löffeltal nach Hinterzarten abzweigt.

Auch das letzte Stück der Wanderung durchs **Löffeltal** ist noch einmal sehr schön. Kein Witz ist, daß im Löffeltal „Löffel" hergestellt wurden. Als Eisenlöffel wurden sie in durch Wasserkraft betriebenen, besonderen Hammerwerken geschmiedet und anschließend verzinnt. Die Fallermühle, die leider 1938 durch einen Brand restlos zerstört wurde, war eine solche „Löffelschmiede". Bevor man diese Stelle erreicht, passiert man jedoch noch die **Klingen-Säge**, eine Hofmühle und ein typisches Beispiel für frühere Schwarzwälder Klopfsägen. Vor einigen Jahren hat man sie renoviert und nimmt sie nun gelegentlich an Sonn- und Feiertagen zwischen Anfang Mai und Ende Oktober (meist zwischen 13.00 und 18.00 Uhr) in Betrieb. Von allen unbemerkt hat man so das Ende der abwechslungsreichen Wanderung fast erreicht. Am oberen Ende des Tals folgt man dem Schild „Rundweg", gelangt so nach Hinterzarten, mitten hinein in den gepflegten Ort, entlang dessen Hauptstraße man rasch wieder den Bahnhof erreicht.

Wie kommt man nach Hinterzarten?
A 5, Ausfahrt Freiburg-Mitte, die B 31 über Kirchzarten nach Hinterzarten. A 81, Autobahndreieck Bad Dürrheim, A 864 bis Ausfahrt Donaueschingen, B 27 Richtung Donaueschingen, bei Hüfingen auf die B 31, über Titisee-Neustadt nach Hinterzarten.
Bahnverbindung: Bahnhof Hinterzarten (Höllentalbahn; siehe Kapitel 23)

Weglänge: 12 km

Kuckucksuhrenwerkstatt
Die Besichtigung ist ab ca. 10 Personen kostenlos, jedoch nur nach vorheriger Anmeldung im Gasthof Sternen, Telefon 0 76 52/90 10.

Auskünfte:	Touristen-Information Hinterzarten, Telefon 0 76 52/12 06-42
Einkehrmöglichkeiten:	Hotel/Restaurant „Lafette" (mittwochs Ruhetag) Café „Haus Ketterer" (durchgehend geöffnet; Kiosk, Terrasse) Gasthof „Sternen"(kein Ruhetag)

15

Kartenempfehlungen:
1 : 75 000 RV 11462 Schwarzwald Südblatt
1 : 50 000 TOP Blatt 7 Triberg, Donaueschingen

Echte Abenteuer – gibt's die noch? 16

Durch Wutach-Schlucht und Lothenbachklamm

Weil die Begehung der Wutach-Schlucht und der Lothenbachklamm samt ihrem Abstecher zum „Räuberschlößle" stellenweise recht abenteuerlich ist, sollte man diesen Ausflug nicht mit sehr kleinen oder sehr ängstlichen Kindern machen. Es ist ein Ausflug, der trockenes Wetter und gute, feste Schuhe erfordert. Umgestürzte Bäume müssen überstiegen und geländerlose Brückchen überquert werden. Wer zu alldem bereit ist, den erwartet eine herrliche, nicht alltägliche Wanderung, die allen noch lange in Erinnerung bleiben wird.

Der beste Ausgangspunkt für dieses Unternehmen ist der *Wanderparkplatz Schattenmühle*, den man auch gut mit öffentlichen Verkehrsmitteln gut erreicht, vor allem dem sogenannten „Wanderbus" von Bonndorf aus.

Die am Parkplatz „Schattenmühle" aufgestellte Informationstafel sollte man sich ruhig schon jetzt ansehen. Man versteht so von vorneherein besser, warum die Wutach-Schlucht zu den eigenartigsten und schönsten Landschaften Südwestdeutschlands zählt, warum sich hier vielerlei Tier- und Pflanzenarten halten, die andernorts schon längst ausgestorben sind.

Dann bricht man auf und geht über die Brücke zwar in Richtung Gasthof „Schattenmühle", mit dem Einkehren aber sollte man bis nach der Wanderung warten. Außerdem biegen wir gleich nach der Brücke nach links in den Wald ab. Wir wollen dem mit der *rotweißen Raute* (für den Querweg Freiburg – Bodensee) gut markierten Weg zum ersten Ziel, dem rund 2,5 Kilometer entfernten *Räuberschlößle* folgen. Über eine Art Staffel gilt es dabei, zunächst einmal an Höhe zu gewinnen. Ist man aber erst einmal oben, vergißt man rasch die Mühe des Anstiegs. In reizvoller Umgebung folgen wir dem meist ebenen Weg. Der Wald ist relativ feucht, viele Moose am Waldboden zeigen das an. Zahlreiche kleine Rinnsale queren den Weg und sind für Kinder so interessant, daß gelegentlich fast das Ziel in Vergessenheit gerät. Die Wutach selbst verläuft im Talgrund. Nur ihr Rauschen dringt zu uns herauf.

Mal über feste Wege, mal über schmale, gelegentlich mit vielen Wurzeln durchsetzte Waldpfade kommen wir unserem Ziel näher und stehen fast unvermittelt knapp unterhalb vom **Räuberschlößle**. Der kurze Abstecher hinauf lohnt sich in jedem Fall, wenn auch vom Gemäuer kaum mehr etwas vorhanden ist. Nach dem Weg hier herauf und dem Blick in die Tiefe kann man sich gut vorstellen, wie die

Burg nach ihrer Zerstörung im Bauernkrieg (1524/1525) später allerlei Gesindel einen idealen Schlupfwinkel bot. So erklärt sich auch, weshalb die im 14. Jahrhundert erbaute Burg den Namen „Räuberschlößle" erhielt. Ursprünglich hieß sie „Neu-Blumegg" – aber das klingt ja auch viel langweiliger.

Weiter geht es nun abwärts, dem Schild *„Gündelwangen über den Steg"* nach. Auf steilem, schmalem Pfad geht es in Serpentinen nun rasch zur Wutach hinunter.

Unten, vom Steg aus sollte man übrigens nicht versäumen, noch einmal hochzuschauen. Der Blick hinauf ist fast genauso beeindruckend, wie der vom Räuberschlößle hinunter.

Nach dem Steg bietet sich Gelegenheit, einmal ganz nahe an die hier rasch fließende, sich in vielen Strudeln brechende Wutach heranzugehen und an ihrem Ufer zu rasten.

Dann jedoch setzen wir unsere Wanderung auf dem Pfad am Ufer entlang fort, in Richtung *Gündelwangen*. Ganz dorthin wollen wir aber nicht und deshalb gilt es gut aufzupassen, um nicht das Schild „Gündelwangen, Bus, Hirschen, Kranz" zu verpassen. Zwar käme man weiter geradeaus auch ans Ziel, aber auf längerem, nicht unbedingt reizvollerem Wege.

In einer Art Spitzkehre zweigt der Pfad also ab und gewinnt rasch an Höhe. Wenn man aus dem Wald oben heraus tritt, sieht man Gündelwangen vor sich und geht auf asphaltiertem Weg im Bogen darauf zu. Beim Gasthof „Hirschen" erreicht man die Lenzkirch und Bonndorf verbindende B 315. Ganz müde Wanderer können, falls es sich gerade gibt, mit dem am Hirschen haltenden Bus (S15) zwei Stationen weit, bis zum Beginn der *Lothenbachklamm*, fahren. Alle anderen durchqueren Gündelwangen entlang der Hauptstraße. Dafür haben sie, falls sie es wünschen, zwei weitere Einkehrmöglichkeiten, nämlich im Gasthof „Kranz" und am Restaurant „Lothenklamm". Doch sollte man sich nicht zu lange aufhalten, das letzte und schönste Teilstück dieser Wanderung, das uns durch die Lothenbachklamm führen soll, steht ja noch aus.

Auch nach dem Ortsende bleibt man – bis zur Lothenbrücke – unmittelbar neben der Straße, wird dafür allerdings durch den Blick auf den Höhenzug hinter der soeben durchquerten Schlucht entschädigt. Ist die Lothenbrücke erreicht, folgt man dem nach links abzweigenden mit der *blauen Raute mit weißem Balken* markierten Weg zur **Lothenbachklamm**. Hier beginnt das größte und schönste Abenteuer dieses Ausflugs. Über Felsstufen und geländerlose Brücken, schmale Stege, steile Treppen, vorbei an Wasserfällen und Wasserfällchen, teils auch unter steilen Felshängen entlang, führt der Weg durch die

16

In der Lothenbachklamm

faszinierende, wild-romantische Klamm. Trotzdem sollte man nicht vergessen, daß es sich um ein Naturschutzgebiet handelt, das deshalb besonderes Verhalten erfordert. So muß man auf den markierten Pfaden bleiben, darf keine Pflanzen pflücken oder ausgraben, keine Mineralien und Steine mitnehmen oder Tiere stören. Viele denken vielleicht: „Das weiß doch jedes Baby!" Daß dies aber nicht so ist, davon können die Ranger ein Lied singen. Was nicht heißt, daß sie ihre Aufgabe im Schimpfen und Verbieten sehen. Ganz im Gegenteil: Sie wollen Wissen vermitteln und Verständnis wecken. Erklären, was Sache ist. Sie können das so spannend und gut, daß man sich für geführte Touren rechtzeitig anmelden muß. Wer allein mit der Familie wandert, aber vorab Fragen zum Schutzgebiet hat, kann sich auch direkt an die Wutach-Rangerin Regina Franke wenden.

Wenn sich das Tal zu verbreitern beginnt, der Weg bequemer wird, ist der Ausgangspunkt unserer Wanderung fast wieder erreicht. Wenige Meter trennen noch vom Wanderparkplatz Schattenmühle, an dem es auch eine Feuerstelle, Vesperplätze und eine Spielwiese gibt – zur Erholung nach bestandenen Abenteuern, die es also doch noch gibt!

Wie kommt man zum Wanderparkplatz Schattenmühle?
A 5, Ausfahrt Freiburg-Mitte, auf der B 31 bis Titisee, dann die B 315 über Lenzkirch in Richtung Bonndorf, bis das grüne Schild Wutach-Schlucht/Eingang Schattenmühle kommt.
A 81, Autobahndreieck Bad Dürrheim, A 864 bis Ausfahrt Donaueschingen, B 27 Richtung Donaueschingen, bei Hüfingen auf die B 31 bis Titisee, dann die B 315 über Lenzkirch in Richtung Bonndorf, bis das grüne Schild Wutach-Schlucht/Eingang Schattenmühle kommt.
Mit öffentlichem Verkehrsmittel: Per Wander-Bus Wutach-Schlucht in den Sommermonaten samstags, sonn- und feiertags zur Haltestelle Schattenmühle Parkplatz; SBG-Fahrplan- und Tarifauskünfte unter Telefon 0 76 72/1 94 49 oder 0 76 72/14 10 Südbadenbus GmbH, Am Busbahnhof, 79837 St. Blasien. Dort erhält man auch die Broschüre „Wutach-Schlucht" mit Fahrplänen, Routenvorschlägen und Tips.

Wanderungen mit den Rangern ab/bis Bonndorf. Auskünfte über Tourist-Informations-Zentrum Bonndorf, Telefon 0 77 03/76 07; Postfach 12 49, 79845 Bonndorf.
Wutach-Rangerin Regina Franke, Telefon 0 77 03/93 80-24

Weglänge: ca. 7,5 km

Einkehrmöglichkeiten: Gasthof „Schattenmühle" (in der Saison kein Ruhetag; Kiosk, Spielplatz)
Gasthof „Hirschen" (mittwochs Ruhetag, sonst ab 16.00 Uhr geöffnet)
Gasthof „Kranz" (donnerstags Ruhetag)
Restaurant „Lothenklamm" (montags Ruhetag)

Kartenempfehlungen:
1 : 75 000 RV 11462 Schwarzwald Südblatt
1 : 50 000 TOP Blatt 9 Schluchsee, Wutachtal
1 : 30 000 Kompass-Wanderkarte Nr. 899

Erholung im Grünen und unter Tieren 17

Löffingen macht's möglich

Das unmittelbar in der Nähe der B 31 gelegene und daher gut erreichbare Löffingen ist eine der ältesten Siedlungen im Schwarzwald. Nach einem Brand im Jahre 1921 wurde Löffingen zum größten Teil neu aufgebaut; dennoch hat es einen netten Ortskern. Es gilt vor allem als Stützpunkt für Wanderungen in die Wutach- und Gauchach-Schlucht, in die Rötenbachschlucht und in die Lothenbachklamm. Durch seine Lage auf der fruchtbaren Hochfläche der Baar empfehlen sich aber auch schöne und zugleich bequeme Wanderungen in den Löffingen umgebenden herrlichen Wäldern. Wer mit kleineren Kindern unterwegs ist, kann hier das Wandern und Grillen mit einem Besuch im Wild- und Freizeitpark verbinden.

Löffingen

Ausgangspunkte für Wanderungen sind die hinter der „Wallfahrtskirche zum Schneekreuz" gelegenen Wanderparkplätze am Waldbad und beim Wildpark. Hinweistafeln führen dorthin. Ein paar hundert Meter weiter – hinter den Parkplätzen des Wildparks – ist ein zweiter Wanderparkplatz, der sich für Wanderungen fast noch eher anbietet. Vier Rundwanderungen von 2,8; 4,8; 6,4 und 11,3 Kilometern Länge lassen die nähere Umgebung erkunden. Der Wald ist schön, die Wege sind bequem und ohne Steigungen zu gehen, weisen aber – abgesehen von dem Weg zum Kirnbergsee hinaus – keine zusätzlichen Attraktionen auf.

17

Spielgelände im Wild- und Freizeitpark

Dafür kann man den Kindern einen Besuch im **Wild- und Freizeitpark „Schwarzwald-Park"** versprechen. Ein weitläufiges Spielgelände mit allerlei Geräten, darunter ein Trampolin, ein ausgedientes Flugzeug, ein vielarmiger Rutschturm und Wasserspiele ziehen Kinder und – wie man sehen kann – auch viele Erwachsene in ihren Bann. Kioske sorgen neben dem Restaurant am Eingang für das leibliche Wohl. Zumindest für Kinder ist es natürlich schöner, selbst zu grillen. Dafür gibt es hier am Spielgelände mehrere Feuerstellen sowie Lauben, in denen man sein mitgebrachtes Vesper gemütlich und in Ruhe verzehren kann. Ein Tip für alle, die's lauschiger mögen: Links der Rodelbahn, dem Wegweiser „Rundgang" nach, gibt es weitere Feuerstellen und Vesperplätze, sollten die anderen umlagert sein.

Dann aber wird es Zeit für die Tiere. Wölfe, Luchse und Wildschweine, um nur einige zu nennen, dazu allerlei Wild und neuerdings auch Affen gibt es hier zu sehen. Am schönsten ist es bei den Bären. Für Futter, das es im Automaten gibt, machen sie zirkusreife Kunststückchen, an denen alle ihre Freude haben.

Bär im Wild- und Freizeitpark

Im Mittelalter war **Löffingen** ein bekannter Badeort. Heute ist davon nur das Waldbad geblieben. Im Anschluß an eine der von hier ausgehenden Wanderungen kann man bei sommerlichem Wetter den Tag im Waldbad ausklingen lassen.

Und noch ein Tip: Die in Kapitel 18 beschriebenen Klopfplätze rund um Bräunlingen und der Kirnbergsee sind von Löffingen aus fast genauso gut zu erreichen.

Wie kommt zum Wild- und Freizeitpark „Schwarzwald-Park" in Löffingen?
Bis Löffingen über die B 31, dort den Schildern „Schwarzwald-Park" nach.
Bahnverbindung: Bahnhof Löffingen (Höllentalbahn; siehe Kapitel 23)

Schwarzwald-Park
Öffnungszeiten:	Ostern bis 1. November	
	täglich	9.00 – 18.00 Uhr
Eintritt:	Erwachsene (ab 16 Jahre)	DM 8,00
	Kinder (4 bis 16 Jahre)	DM 4,00
Auskünfte:	Telefon 0 76 54/6 06	

Waldbad Löffingen
Öffnungszeiten:	in der Saison	9.00 – 18.00 Uhr
Eintritt:	Erwachsene (ab 14 Jahre)	DM 4,00
	Kinder (5 bis 14 Jahre)	DM 2,50
	Kinder bis 5 Jahre sind frei.	
Auskünfte:	Telefon 0 76 54/4 00 (Verkehrsamt Löffingen)	

Kartenempfehlungen:
1 : 75 000 RV 11462 Schwarzwald Südblatt
1 : 50 000 TOP Blatt 7 Triberg, Donaueschingen

Und dann hau' ich mit dem Hämmerchen ... 18

Gesteinskunde auf den Klopfplätzen Bräunlingens

Wie der Schwarzwald entstanden ist, wie er zu seinem heutigen Aussehen kam, darüber gibt ja bereits das Einleitungskapitel Auskunft. Manchem mag das Ganze trotz allem ein wenig unglaublich oder schwer vorstellbar klingen. Viele, wenn nicht die meisten, haben sich beim Wandern bislang nur wenig Gedanken über den Untergrund und die geologische Beschaffenheit des Geländes gemacht. In der Umgebung Bräunlingens gibt es deshalb seit einiger Zeit vier Klopfplätze, Stellen also, an denen die für den Aufbau des Schwarzwaldes wichtigsten Gesteine zutage treten und an denen man nicht nur ungestraft, sondern sogar erlaubterweise Stücke abschlagen und nach Hause tragen darf. Daß dies absolut nicht langweilig, sondern mit viel Spaß verbunden ist, soll im folgenden gezeigt werden.

Der Ausflug steht und fällt allerdings damit, ob das, was man zur Gesteinskunde an Hilfsmitteln braucht, auch mitgenommen wurde: ein (solider) Hammer, Lupe, Tüten und Etiketten, eventuell ein Messer müssen eingepackt werden. Den Hammer braucht man zum Abschlagen eines unverwitterten, festen Gesteinstücks. Mit der Lupe kann man die verschiedenen Mineralarten erkennen; Tafeln geben Auskunft, wie sie aussehen. Tüten und Etiketten braucht man zum Mitnehmen der so „eroberten" Schätze.

Die Klopfplätze sind thematisch aufeinander abgestimmt. Wer sie der Reihe nach besucht, genauer gesagt, in der Abfolge ihrer Entstehungsgeschichte, weiß hinterher mehr über den erdgeschichtlichen Ablauf und kennt die vier wichtigsten Gesteinsformationen des Schwarzwalds: Granit, Buntsandstein, Muschelkalk und Keuper. Die Wegbeschreibung zu den vier Klopfplätzen findet sich im Info-Teil am Ende des Kapitels.

Den *ersten Klopfplatz*, eine Art Mini-Steinbruch, findet man im schönen Wald nahe Unterbränd oberhalb des Kirnbergsees. Dort tritt **Granit** auf.

Vor dem heutigen Schwarzwald hat es wahrscheinlich schon zwei weitere Gebirge gegeben, über deren Aussehen und Größe man wenig weiß. Die Zeit des ersten Gebirges liegt über 600 Millionen Jahre zurück. Es wurde fast ganz abgetragen. Reste davon sind die – vor allem im mittleren Schwarzwald vorkommenden – Gneise. Das zweite Gebirge baute sich vor ungefähr 300 bis 350 Millionen Jahren auf. Nach vielen Millionen Jahren war auch dieses weitgehend eingeebnet. Seine Hinterlassenschaften sind die Granite. Gneise und Granite zusammen bauen das „Grundgebirge" des heutigen Schwarzwalds auf. Man findet sie auch im Odenwald, im Harz, im Bayerischen Wald, im Fichtelgebirge, in den Vogesen und in den Zentralalpen.

Als Schutzhütte und Arbeitsplatz befindet sich die *„Geißhaldenhütte"* am ersten Klopfplatz. Er läßt sich auf einem bequemen Weg durch den Wald, einer Fortsetzung des „Kapellenwegs" erreichen. Auf dem Rückweg (gleiche Strecke) kann man links hinunter zum **Kirnbergsee**. An der Steinmauer finden sich die kaum noch sichtbaren Reste der *Burg Kürnberg*. Ihr verdankt die aus dem Brändbach zum See gestaute Wasserfläche ihren Namen. Man kann hier schwimmen, surfen, Boot fahren oder ganz einfach Kiesel hüpfen lassen. Beim Campingplatz findet man das Café/Restaurant „Kirnbergsee" mit Terrasse zum See und einem schönen Kinderspielplatz. Auch Ruderboote kann man leihen.

Am *zweiten Klopfplatz*, den man etwa 50 Meter links der Straße von Unterbränd nach Bräunlingen findet, steht **Buntsandstein** an. Der Klopfplatz grenzt an eine Waldlichtung, auf der die *„Eichgärtle-Hütte"* steht.

Ausgangsprodukte des Buntsandsteins dürften die verwitterten Quarze aus Gneisen und Graniten gewesen sein. Das Klima damals, vor 180 bis 200 Millionen Jahren, war wüstenähnlich: heiß und trocken mit gelegentlichen, sehr heftigen Regenfällen, die den Sand in die Ebenen und Senken schwemmten, wo er sich im Laufe langer Zeiten zu Sandstein verfestigte. Seiner schönen roten Farbe und sei-

Kirnbergsee

ner guten Bearbeitbarkeit wegen ist er stets ein beliebter Werkstein gewesen. Häuser, Kirchen, Burgen, Brunnen, Grabsteine und Mauern sind oftmals aus ihm gemacht.

Der Buntsandstein ist die unterste Deckschicht des Bereiches, den man Erdmittelalter (Mesozoikum) nennt. Dort bildet er zusammen mit Muschelkalk und Keuper – die man auf den beiden nächsten Klopfplätzen kennenlernt – die sogenannte „Trias".

Den **Muschelkalk** findet man am *dritten Klopfplatz* im Wandergebiet „Buchhalde" unterhalb Bräunlingens. Der Muschelkalk verdankt seine Entstehung der Tatsache, daß sich die Erdoberfläche hier langsam zu senken begann. In diese Senkungszone strömte zeitweilig das Meer, mit ihm wanderten Meerestiere ein. Als sich die Umweltbedingungen änderten, starben diese Meerestiere und versteinerten im Laufe der Jahrtausende. So sind die fossilreichen Partien des sogenannten Oberen Muschelkalks, die letztlich namensgebend waren, entstanden.

Bräunlingen, heute eine Kleinstadt im vorderen Bregtal, ist eine Gründung der Zähringer und ehemalige Reichsstadt. Bis 1806 gehörte sie zu Österreich. Lohnenswert ist ein Spaziergang durch den alten Stadtkern zu dem aus dem 16. Jahrhundert stammenden Rathaus, dem Mühlentor – dem letzten erhaltenen von ehemals vier Stadttoren – und der ehemaligen Marktstätte mit ihrem Brunnen.

Der *vierte Klopfplatz* schließlich, ein **Keuper**-Aufschluß, ist zwischen Unadingen und dem Bräunlingen eingemeindeten Döggingen in einer Talsenke gelegen. Nicht nur weil es die höchstgelegene der vier verbreitetsten Gesteinschichten des Südschwarzwalds ist, bietet sich dieser Klopfplatz als Schlußpunkt des Ausflugs an. Es gibt hier auch eine Wiese und vor der *Schutzhütte* eine schöne *Grillstelle* zur Straße hin sogar eine *Wassertretstelle* und einen Brunnen. Man kann hier also gut den noch verbleibenden Rest des Tages verbringen.

In einem kleinen, leicht zugänglichen Steinbruch findet man also den Keuper. Er entstand zu einer Zeit, als sich in Mitteleuropa unter heißem und trockenem Klima eine weitgestreckte Tiefebene ausgebreitet hatte. Sie war meist landfest, gelegentlich aber vom Meer überflutet. Im jeweils darauf folgenden Austrocknungsprozeß wurden die Tone und Gipse des Keupers ausgefällt.

Wie kommt man zum ersten Klopfplatz?
Den ersten Klopfplatz (Granit) erreicht man über die B 31, dann Abzweigung bei Löffingen über Dittishausen nach Unterbränd; dort an der Kirche rechts, dann stets geradeaus über den „Kapellenweg" in den Wald. So gelangt man mit ca. 1,5 Kilometer Fußweg (einfach) zum Klopfplatz.

Bootsverleih
Der Bootsverleih befindet sich beim Café/Restaurant Kirnbergsee.
Preis: Ruderboot pro halbe Stunde DM 5,00
Auskünfte: Telefon 0 76 54/75 10

Wie kommt man zum zweiten Klopfplatz?
Den zweiten Klopfplatz (Buntsandstein) findet man, indem man dem Sträßchen, das einen nach Unterbränd führte, bis zur nächsten querenden Straße in Richtung Bräunlingen folgt. Dort liegt der Klopfplatz, ca. 200 Meter vor dem Waldende, etwa 100 Meter links von der Straße.

Wie kommt man zum dritten Klopfplatz?
Den dritten Klopfplatz (Muschelkalk) findet man, indem man durch Bräunlingen in Richtung Döggingen fährt. Am Ortsende bei der Brauerei-Gaststätte „Löwen" führt der Weg zur Remigius-Kirche und zum Friedhof. Dort beginnt das Wandergebiet „Buchhalde". Den Weg an der Tafel entlang geht man stets geradeaus, um in ca. 1,5 Kilometer (einfach) den Klopfplatz zu erreichen.

Wie kommt man zum vierten Klopfplatz?
Den vierten Klopfplatz (Keuper), findet man in der Talsenke zwischen Döggingen und Unadingen. Dazu fährt man weiter durch Döggingen hindurch, biegt auf die B 31 in Richtung Löffingen/Freiburg ein. Noch am Hang zweigt bald ein unscheinbares Sträßchen ins Tal hinunter ab. Dort findet man in einer Kehre Wassertretstelle und Klopfplatz unmittelbar neben der Straße.
Anmeldung zum Grillen bei der Schutzhütte: Telefon 0 77 07/2 65
0 77 07/4 82.

Einkehrmöglichkeiten: Brauerei-Gaststätte „Löwen" (dienstags Ruhetag)
Café/Restaurant „Kirnbergsee" (durchgehend geöffnet)

Kartenempfehlungen:
1 : 75 000 RV 11462 Schwarzwald Südblatt
1 : 50 000 TOP Blatt 7 Triberg, Donaueschingen

Familien- und Ausflugsparadies am Neckarursprung 19

Ein Besuch in der Doppelstadt Villingen-Schwennigen

Die ehemals selbständigen Städte Villingen und Schwenningen haben sich 1972 zu einer „gemeinsamen" Stadt zusammengeschlossen. So viele sehenswerte Museen gibt es, daß man unabhängig vom Wetter genug Möglichkeiten für mehr als einen Familienausflug hat. Für diejenigen, die für ihren ersten Kontakt mit der Stadt einen schönen Tag ausgesucht haben, empfiehlt es sich, zunächst von der Neckarquelle im Stadtpark des Schwenninger Stadtteils Möglingshöhe aus einen Spaziergang durchs Schwenninger Moos zu machen. Anschließend sollte man einen Stadtrundgang durch Villingen machen, am besten in Verbindung mit dem Besuch eines der vielen und reizvollen städtischen Museen.

Funde in Hügelgräbern nahe der Stadt **Schwenningen** weisen auf eine Besiedlung schon während der Bronze- und Hallstattzeit hin. Auch die Römer hatten hier an der Heerstraße aus der Schweiz ins Neckartal schon eine Siedlung. Doch erst 1907 wurde das 895 erstmals als „Swaninga" erwähnte Schwenningen zur Stadt erhoben.

Ausgangspunkt unseres Spaziergangs auf guten, ebenen und kinderwagengeeigneten Wegen durch ein ganz eigenartiges, aber sehr ansprechendes und erstaunlicherweise nicht einmal am Sonntag überlaufenes Gebiet ist der *Stadtpark Möglingshöhe*. Dort hinter einem netten, kleinen Teich findet man – etwas versteckt – die Neckarquelle, an der Herzog Ludwig 1581 hier einen Gedenkstein errichtete. Ein schön angelegter Spielplatz mit vielen Geräten liegt übrigens gleich daneben. Zwischen ihm und dem Gedenkstein führt ein Weg am Wasser entlang in südlicher Richtung zum Schwenninger Moos.

Dazu überquert man am Parkende die Straße, geht geradeaus weiter am Eisstadion und am Sportplatz rechts vorbei, bis links – unübersehbar gekennzeichnet – der Weg ins „Moos" abzweigt.

Das „**Schwenninger Moos**" ist als Wasserscheide zwischen Rhein und Donau bekannt: Wasser vom Moos fließt zum einen nach Südwesten in den Marbacher Talbach, über die Brigach zur Donau und schließlich ins Schwarze Meer. Es fließt aber auch zur anderen Seite, das heißt nach Norden, durch den Park, speist die Neckarquelle, fließt zum Rhein und endlich in die Nordsee.

Bis vor gut 200 Jahren war das Moos ein „lebendes" Hochmoor, das sich gegen Ende der letzten Eiszeit vor ca. 10 000 Jahren gebildet hatte. 1976 drohte es endgültig zu verlanden. Was war geschehen? Sein ursprünglich mächtiges Torflager war mit verschiedenen Unter-

101

brechungen immer weiter abgebaut worden. Damit einhergehende Entwässerungsmaßnahmen führten zur Austrocknung, zur Verlandung – so lange, bis schließlich sogar Wald Fuß fassen und die moortypische Tier- und Pflanzenwelt verdrängen konnte. Erst „fünf vor zwölf" erkannte man die Folgen des Torfabbaus, handelte dafür aber umgehend. Eine 1980 eingeleitete Regenerierung des Moores zeigt bereits gute Ergebnisse. Auf einem 3,5 Kilometer langen Rundweg kann man heute wieder die Urwüchsigkeit einer Moorlandschaft erleben und ihre erstaunlich unterschiedlichen Pflanzengesellschaften bewundern.

Fast am Ende des Rundwegs, an den Koppeln des Reitstalls vorbei, führt der Weg nach links zum offiziellen Ausgangspunkt des Rundgangs zurück; doch diesen letzten Gang kann man sich auch sparen und geradeaus zum Park oder zum Auto zurückgehen.

Daß beide Städte reich an sehenswerten, lebendig-anschaulichen Museen sind, wurde eingangs bereits erwähnt. In und um *Schwenningen* findet sich etwas für jede Interessenslage: das Heimatmuseum/Uhrenmuseum, das Bauernmuseum Mühlhausen und das Internationale Luftfahrtmuseum.

Das **Heimatmuseum/Uhrenmuseum** umfaßt vier Bereiche: die ortsgeschichtliche Abteilung, die unter anderem Nachbildungen einer römischen und einer alemannischen Stube enthält; eine Möbelsammlung, die mehrere komplett und originalgetreu eingerichtete Räume umfaßt; und je eine umfangreiche Glas- und Uhrensammlung.

Im **Bauernmuseum Mühlhausen** erhält man in der ehemaligen Zehntscheuer Einblick in den Bauernalltag vor der Mechanisierung der Landwirtschaft. Holzofenbackhaus, Pferdestall und Schmiede in unmittelbarer Nähe des Museums runden den Eindruck vom ehemals dörflichen Leben ab.

Das **Internationale Luftfahrtmuseum** am Schwenninger Flugplatz dagegen liefert Technik pur, Luftfahrtgeschichte zum Anfassen. Dort kann man sich am Steuerknüppel eines Starfighters gegenseitig fotografieren oder im größten Doppeldecker der Welt zu einem imaginären Flug Platz nehmen.

Und Villingens Museen? Um die Entscheidung über den weiteren Verlauf des Tages zu erleichtern, seien sie ebenfalls gleich vorgestellt: das Museum für Vor- und Frühgeschichte, das Franziskaner-Museum und das Museum „Altes Rathaus".

Die sogenannte „Schwarzwaldsammlung" im nach dem ehemaligen Kloster benannten **Franziskaner-Museum** ist die bedeutendste volkskundliche Sammlung Südwestdeutschlands. Sie umfaßt die Uhren-

und Glasherstellung, die Strohflechterei, aber auch Mobiliar, Trachten und vieles mehr.

Ganz etwas Besonderes aber ist das **Museum für Vor- und Frühgeschichte**, das sich aus dem Magdalenenberg-Museum entwickelte. Es enthält zahlreiche Fundstücke aus dem größten bekannten mitteleuropäischen Grabhügel eines Keltenfürsten, dem im 6. Jahrhundert vor Christus aufgeschütteten Magdalenenberg, der sich südlich von Villingen befindet. Dort draußen sieht man aber außer dem zugegebenermaßen imposanten Hügel nichts. Kinder haben deshalb von einem Spaziergang (von Rietheim aus) dorthin wenig – auch wenn man berücksichtigt, daß der Hügel die siedlungsgeschichtlich bedeutsame Stellung Villingens belegt, die seit der Urnengräberzeit, also etwa ab 1200 vor Christus dokumentiert ist.

Im **Museum „Altes Rathaus"** sind die Altertümer der Stadt untergebracht. Seine Sammlung ist nicht so umfassend wie die der beiden anderen Museen, aber für Kinder zum Beispiel wegen seiner Ausstellung zum Schmiedehandwerk durchaus interessant.

817 erstmals als „ad Filingas" urkundlich erwähnt, erhielt **Villingen** 999 auf Vorschlag Bertholds, dem Stammvater des Zähringer Geschlechts, das Marktrecht und wurde 1120 nach dem einheitlichen Zähringer Plan zur Stadt ausgebaut. Könnte man aus der Vogelperspektive auf Villingen schauen, würde man ganz deutlich die ovale Form des Altstadtkerns erkennen.

Zwei Straßenachsen durchziehen es kreuzförmig: die „Niedere Straße/Obere Straße" quasi als Längsachse, die „Bickenstraße/Rietstraße" als Querachse. An ihren Enden standen die vier Stadttore, von denen immerhin drei noch vorhanden sind: das Obere Tor im Norden, das Bickentor im Osten und das Riettor im Westen der Stadt. Die Erkundung Villingens durch die Gassen und Gäßchen, vorbei an den schmucken Bürgerhäusern, macht sicher allen Spaß.

Egal ob man mit der Bahn angereist ist oder im *Parkhaus „Stadtmitte"* seinen Wagen abgestellt hat, ein für alle leicht zu findender Ausgangspunkt ist das **Bickentor**. (Familien, die im Auto angereist sind, erreichen es, wenn sie im Uhrzeigersinn ein kurzes Stück außen an der Stadtmauer entlanggehen.)

Durch das Bickentor gelangt man in die „Bickenstraße", folgt ihr über den „Latschariplatz", dem Kreuzungspunkt der Straßenachsen, wo sie sich als „Rietstraße" fortsetzt. Sie führt am Alten Kaufhaus vorbei, dem ehemaligen Heilig-Geist-Spital – heute Sitz der Stadtinformation. Nur wenig später und man steht am ehemaligen Franziskanerkloster, in dem heute das Museum für Vor- und Frühgeschichte untergebracht ist. Seine *Klosteranlage* kann man beim Museumsbesuch gleich mitbesichtigen (zusätzlicher Eintritt). Die hier links ab

19

Villingen

zweigende „Rietgasse" hinunter, erreichen wir den **Romäusturm**. Um seinen Namensgeber ranken sich etliche Sagen und Geschichten. Eine davon erzählt, wie die Rottweiler Romäus einmal gefangensetzen wollten, indem sie ihr Stadttor hinter ihm verschlossen. Er aber hängte es einfach aus und lief mit dem Tor auf dem Rücken zurück nach Villingen, wo er es am damaligen Oberen Tor absetzte. Unterwegs soll er auf einem Hügel angehalten und zurückgeblickt haben.

19

Diesen Hügel hieß man „Guckenbühl" und noch heute kennt man ihn so als Flurnamen. Vom historischen Romäus, der eigentlich Remigius Mans hieß, weiß man wenig, nur daß er ein ungewöhnlich tapferer Krieger und ein lokaler Held war, der 1513 starb.

Am Romäustor verläßt man den Altstadtkern, doch nur für kurze Zeit, und geht außen an der Mauer entlang bis zum **Riettor**, durch das man wieder in die Stadt gelangt und links in die „Schulgasse" abbiegt. Nach einem sehr schiefen, sehr schönen alten Fachwerkhaus geht es noch einmal rechts und zwar in die „Rathausgasse". Hier finden wir das *Museum „Altes Rathaus"* als letztes Haus auf der rechten Seite, ehe sie im Münsterplatz einmündet. Der schöne Brunnen, dessen Wasser nach beiden Seiten nach Art der Freiburger Bächle ein Stück weit offen im Asphalt verläuft, ist Kindern zuerst sicher wichtiger wie das umgebende reizvolle Häuserensemble. Im **Münster „Unserer Lieben Frau"**, einem eindrucksvollen Bau, dessen Chor nach dem Stadtbrand 1271 in hochgotischer Form wieder aufgebaut wurde, gilt es dann, nicht nur die spätgotische Münsterkanzel zu bewundern, sondern auch dem nachzuspüren, was es mit dem sagenumwobenen Naegelinskreuz auf sich hat. Für kunstinteressierte Familien lohnt außerdem ein kurzer Abstecher in nördliche Richtung zum ehemaligen Benediktinerkloster, dessen Kirche nach Plänen Michael Thumbs errichtet wurde.

Durch die „Kanzleigasse" und den unteren Teil „Obere Straße" kehrt man anschließend zurück zum *Bickentor*, wo sich unsere Runde schließt.

Wer als Familie nach Villingen-Schwenningen kommt, darf eigentlich eines nicht versäumen: den Besuch im **Familien-Freizeitpark**, dem einzigen nicht kommerziellen Freizeitpark Deutschlands. Er ist eine Einrichtung der Stadtjugendpflege, die ganzjährig täglich Kindern und Erwachsenen zur Verfügung steht. Kinder finden hier ideale Spielmöglichkeiten, auch viele Anregungen im kreativen Bereich. Des weiteren sind Karussells und Tiergehege vorhanden, auch eine Reptilienschau (die allerdings Eintritt kostet) gibt es. Dazu mehrere Tretautobahnen, eine Wasser-Rodelbahn und die Superrollenrutsche. Es gibt eine Kinderspielstadt und ein Piraten-Kletterland. Es kommen Clowns, Jongleure und Zauberer. Mittags ist oft Vorstellung im Zirkus-Zelt – von Kindern, mit Kindern und natürlich für Kinder.

Zur Infrastruktur des Parks gehören auch ein Zelt, in dem meist auch Unterhaltung geboten wird, ein Imbißbetrieb und ein Wickelraum.

Für viele Familien aus der Stadt oder der näheren Umgebung ist der Park, vor allem in den Sommermonaten und besonders natürlich

19

Im Freizeitpark Villingen

den Ferien, so etwas wie eine zweite Heimat geworden. Aber selbst wer nur ein paar Stunden, bestenfalls einen Ausflugstag lang hier sein kann, wird viel Spaß haben.

Wie kommt man nach Schwenningen zum Stadtpark Möglingshöhe?
A 81, Ausfahrt Villingen-Schwenningen, dann Richtung Stadtmitte Schwenningen über die B 27/A 5, Ausfahrt Freiburg-Mitte, die B 31 bis Hüfingen, dann die B 27 über Bad Dürrheim bis Schwenningen.

Parkmöglichkeiten an der Südwestmesse. Der Stadtpark liegt über der Straße.
Bahnverbindung: Bahnhof Schwenningen

Weglänge: Spaziergang Neckarquelle/Schwenninger Moos: ca. 4 km

Heimatmuseum/Uhrenmuseum
Öffnungszeiten:	dienstags bis freitags	14.00 – 17.00 Uhr
	sonntags	14.00 – 18.00 Uhr
Eintritt:	Erwachsene	DM 3,00
	Schüler, Studenten	DM 1,50
Auskünfte:	Telefon 0 77 20/82 23 71	
Adresse:	Kronenstraße 16, 78054 Schwenningen	

Bauernmuseum Mühlhausen
Öffnungszeiten:	April bis Oktober	
	sonntags	14.00 – 17.00 Uhr
Eintritt:	Erwachsene	DM 2,00
	Kinder	DM 1,00
	Familien	DM 5,00
Auskünfte:	Schwenninger Heimatverein, Telefon 0 77 20/3 16 62 oder Bauernmuseum, Herr Leibold, Telefon 0 77 20/42 58	
Adresse:	Pfarrer-Mesle-Weg 1, 78056 Mühlhausen (südöstlich von Schwenningen)	

Internationales Luftfahrtmuseum
Das Internationale Luftfahrmuseum befindet sich am Flugplatz in Schwenningen
Öffnungszeiten:	täglich	9.00 – 19.00 Uhr
Eintritt:	Erwachsene	DM 6,00
	Schüler, Studenten	DM 5,00
	Kinder (6 bis 15 Jahre)	DM 2,00
	Rundflüge mit nostalgischen Flugzeugen nur nach Voranmeldung	
	Preis pro Person	ab DM 65,00
Auskünfte:	Telefon 0 77 20/6 63 02	

Wie kommt man nach Villingen?
A 81, Ausfahrt Villingen-Schwenningen, dann die B 523 in Richtung Stadtmitte Villingen.
A 5, Ausfahrt Freiburg-Mitte, die B 31 bis Hüfingen, dann die B 27 über Bad Dürkheim bis Villingen.

Parkmöglichkeiten bestehen im Parkhaus „Stadtmitte".
Bahnverbindung: Bahnhof Villingen

Museum „Altes Rathaus"
Öffnungszeiten:	sonntags	10.00 – 12.00 Uhr
	donnerstags	10.00 – 12.00 Uhr
	und	14.00 – 17.00 Uhr
Eintritt:	Erwachsene	DM 3,00
	Kinder (ab 6 Jahre)	DM 1,50
Auskünfte:	über Städtische Museen,	
	Telefon 0 77 21/82 23 51	
Adresse:	Rathausgasse 1, 78050 Villingen	

Franziskaner-Museum
Öffnungszeiten:	dienstags bis freitags	10.00 – 12.00 Uhr
	dienstags und donnerstags bis samstags	14.00 – 17.00 Uhr
	mittwochs	14.00 – 20.00 Uhr
	sonn- und feiertags	13.00 – 17.00 Uhr
Eintritt:	Erwachsene	DM 3,00
	Kinder (ab 6 Jahre)	DM 1,50
Auskünfte:	Telefon 0 77 21/82 23 51	
Adresse:	Rietstraße 2, 78050 Villingen	

Familienfreizeitpark
Wie kommt man zum Familienfreizeitpark?
Der Freizeitpark liegt an der Straße nach Obereschach gegenüber der TÜV-Prüfstelle und der Firma VDO-Kienzle. Die Abzweigung zum Freizeitpark ist ausgeschildert.
Gute Parkmöglichkeiten am Park sind vorhanden.
Busverbindung: Der Park ist auch mit öffentlichen Verkehrsmitteln zu erreichen, und zwar mit den Bussen 4, 38 ab Bahnhof Villingen, Zustiegsmöglichkeit an der Bickenstraße und am Riettor (Auskünfte zum Fahrplan und zu Tarifen über die Verkehrsgemeinschaft Villingen-Schwenningen, Telefon 0 77 21/2 10 27).

Öffnungszeiten:	ganzjährig, täglich	10.00 – 18.00 Uhr
	in den Sommerferien	10.00 – 19.00 Uhr
Eintritt:	montags bis samstags	frei
	sonntags	
	Erwachsene	DM 4,00
	Kinder	DM 2,00
	(Einzelne Karussells sowie die Reptilienschau kosten Eintritt)	

Auskünfte: Telefon 0 77 21/7 39 12
Adresse   Heinrich-Hertz-Straße, 78052 Villingen

Kartenempfehlungen:
1 : 75 000 RV 11461 Schwarzwald Mittelblatt
1 : 50 000 TOP Blatt 7 Triberg/Donaueschingen
Stadtpläne Villingen-Schwenningen

20 Kuckuck, Kuckuck ruft's aus der Uhr!

Erlebnisse zwischen Schonach, Schönwald und Furtwangen

Der Schwarzwald gilt seit Jahrhunderten als das deutsche Zentrum der Uhrenherstellung. Daß dort Uhren aller Art hergestellt werden, wobei die Kuckucksuhr nur eine unter vielen war und ist, wird oft vergessen. Im Ausland gilt die Kuckucksuhr ja nicht selten als sinnverwandtes Wort für den Schwarzwald an sich. Obwohl dies so nicht richtig ist, sollte man sich ruhig einmal auf die Spur dieser seltsamen Uhr begeben. Wie amüsant das geschehen kann, dafür sind Furtwangen und Schonach ausgezeichnete Beispiele.

Erfunden wurde die Kuckucksuhr in Schönwald. Weil aber Uhren nicht allein das Wesen des Schwarzwalds ausmachen, gibt es auf einer herrlichen Wanderung rund um Schönwald auch alles andere zu erleben, was sonst noch zu einem Ausflug gehört: den fast alpinen Aufstieg zum Hausberg Brend, wo man einen weiten Ausblick auf die nähere und fernere Umgebung hat; den Weg vorbei an wunderschönen Höfen und Häusern zur Begegnung mit einer Frau, die in ihrem rund 300 Jahre alten Elternhaus mit uralten Gerätschaften lebt und arbeitet; eine Wanderung aber auch zu einer sehenswerten Felsformation, dem „Günterfelsen", zur Donauquelle und quer über die Wasserscheide zwischen Donau und Rhein. Erlebnisse mehr als genug für einen vollen Ferientag, den man auch so einplanen sollte, um genügend Zeit für alles zu haben.

Als amüsanter Einstieg für diesen Tag auf den Spuren der Kuckucksuhr bietet sich **Schonach** an. Dort steht nämlich – natürlich ordentlich im Guiness-Buch der Rekorde verzeichnet – die größte Kuckucksuhr der Welt. Auf sieben mal sieben Metern Bodenfläche steht die 6,50 Meter hohe Uhr, dem Äußeren nach ein Schwarzwaldhaus. Wer wissen will, wie so etwas funktioniert, geht hinein und steht in einem riesenhaft vergrößerten Original-Kuckucksuhrenwerk. Seine wichtigsten Bestandteile sind ein 2,70 Meter langes Pendel und der 80 Zentimeter große Kuckuck.

Die Erfindung der Kuckucksuhr wird gemeinhin, auch wenn sich frühe Uhrenchronisten darüber streiten, Franz Ketterer aus Schönwald zugeschrieben. Die Zeitangaben, wann dies geschehen sein soll, schwanken zwischen 1730 und 1740. Unzweifelhaft ist einzig ihr wirtschaftlicher Erfolg. Bereits von 1762 an gibt es Dokumente, die besagen, die Kuckucksuhr sei zumindest schon in ganz Europa verbreitet. Bereits um das Jahr 1840 gab es Niederlassungen der Schwarzwälder Uhrenhändler in 23 Ländern in 4 Erdteilen.

Die größte Kuckucksuhr der Welt in Schonach

Manche Uhren, um konkrete Beispiele zu nennen, seien nach Rußland, nach Amerika oder sogar bis nach China gelangt.

Hierzulande wurden sie von den sogenannten Uhrenträgern verkauft. Das waren Händler, die ihre Uhren in einem Tragegestell auf dem Rücken zu Märkten brachten oder auch direkt an der Haustür verkauften. Die Kuckucksuhr war dabei nur eine unter vielen verschiedenen Uhrenarten. Es gab einfache Uhren oder komplizierte mit

Musikwerken, solche mit schlichten und andere mit in kräftigen Farben bemalten Uhrschildern. Einen Einblick in die phantastische Welt der Uhren gibt das *„Deutsche Uhrenmuseum"* in **Furtwangen**, das mit mehr als 4 000 Objekten die größte Sammlung von Schwarzwalduhren überhaupt besitzt. Hier gibt es Führungen, denen man sich kostenlos anschließen darf. Dann bekommt man einen besseren Einblick als wenn man sich selbständig die ausgestellten, teilweise erstaunlichen Ausstellungstücke besieht. Was gibt es nicht alles zu entdecken! Uhrenbilder, in deren Motiven richtige, laufende Uhren vorkommen; „Uhrenmännle", kleine Plastiken wie zum Beispiel einen Uhrenträger mit richtigen kleinen Uhren im Gestell; oder die Madonna, deren Arm als Pendel schwingt. Nicht immer ruft übrigens der Kuckuck. Es gibt auch Uhren mit Wachtelrufen oder Hahnenschreien. Trotzdem, keine wurde so erfolgreich verkauft und wohl deshalb auch so konstant gebaut wie die Kuckucksuhr.

Man vermutet wahrscheinlich zurecht, daß dieser Erfolg zu einem guten Teil aus der Rolle herrührt, die der Kuckuck im Kinderlied, im Sprichwort, in der Natursage und besonders im Volksglauben hat, wo die Anzahl seiner Rufe Bedeutung für Lebensdauer, Geld, Heirat oder Wetter hat. In der Natur kann man seinen Ruf nur selten hören, da dieser Vogel nur ein kurzes Gastspiel in unseren Wäldern gibt. Er trifft erst Mitte April aus Afrika ein und bricht im Juli bereits wieder nach Süden auf. Was also lag näher, als seinen Ruf durch ein Pfeifen, das durch zwei kurz hintereinander zusammenfallende Blasbälge erzeugt wird, künstlich herzustellen?

Kuckucksruf hin oder her – das Wandern im Schwarzwald, besonders rund um **Schönwald**, ist auch so spannend genug! Die im folgenden beschriebene Wanderung wird dies zeigen. Sie beginnt an der katholischen Kirche mitten im Ort beim Gasthof „Landpost". An der hier abgehenden „Franz-Schubert-Straße" empfängt die Tafel *„Brend über Katzensteig und Katharinenhöhe"* den Wanderer.

Somit ist der gesamte erste Teil der Markierung „B" zugeordnet. An mehreren Gaststätten und am Kurpark vorbei geht es zügig aus dem Ort hinaus. Eines der letzten Häuser ist der 1612 erbaute „Hilfshof", erster Vorbote vieler schöner Höfe und Häuser.

Geradeaus geht es weiter in den Wald (die Markierung K 8 darf einen nicht irritieren) zur *Katharinenhöhe*, die man nur passiert, um hinunter ins schöne *Katzensteigtal* zu gelangen. Schon von weitem sieht man die *Piuskapelle* auf ihrem vom Gletschereis herausmodellierten Hügel, dem *Katzenbuckel*, stehen. Auf sie zu geht es ein Stück der Straße entlang, dann am *Schulhaus* von Katzensteig rechts, solange bis nach links ein Weg abzweigt. Am *Schwarzbauernhof* beginnt über dessen Weiden bergauf ein fast alpiner Aufstieg. Höhenmeter

112

Auf dem Weg zur Martinskapelle

um Höhenmeter muß man ohne mildernde Kehren immer steil bergauf hinter sich bringen. Dafür ist man um so schneller oben und hat sich auf der Höhe des Brend rechtschaffen eine Rast verdient.

Den ersten Durst kann man bereits im Naturfreundehaus löschen. Zum **Brendturm** sind, auf ebener Strecke, weitere 300 Meter zurückzulegen, die sich aber in jedem Fall lohnen. Der 22 Meter hohe Turm bietet eine weite Sicht. Kinder finden daneben gute Spielmöglichkeiten. Auch besteht die Gelegenheit, an der Feuerstelle zu grillen oder im Berggasthof/Hotel „Zum Brendturm" einzukehren. Wer den Anstieg scheut oder kleine Kinder hat, dem sei verraten, daß man von Furtwangen her auch mit dem Auto herauffahren kann.

Der weitere Weg führt zurück zum Naturfreundehaus, wo einen als neue Markierung die *rote Raute* des Schwarzwaldvereins in Empfang nimmt. Von diesem Hauptweg zweigt als Abstecher, aber unter demselben Zeichen, ein schmaler Waldweg links zum lohnenswerten Naturschutzgebiet **Günterfelsen** ab. Es handelt sich dabei um eine imposant-mächtige Gesteinsformation aus großen, glatten, sackartig gerundeten Granitblöcken. Obwohl natürlich entstanden, wirken sie wie von Riesen vergessenes Spielzeug. Alt und jung sind sich einig, daß man hier ein bißchen herumklettern muß, ehe es weitergeht.

Zurück auf dem zuvor verlassenen Hauptweg nähert man sich der **Martinskapelle**. Diese hat eine bewegte Geschichte hinter sich. Als hier alles noch heidnisch war, wurde sie etwa um 800 von Benediktinern als Missionskirche gebaut. Nach der Säkularisation wurde sie 1820 dem Kolmenbauernhof – heute Gasthaus „Kolmenhof" zusammen mit dem Gasthof „Martinskapelle" als Hofmühle zugeteilt. 1848 bis 1905 nutzte man sie als Mietwohnung und Stall, ehe sie 1905 wieder als Kapelle hergestellt wurde. Daneben galt und gilt sie als Quellheiligtum der *Donauquelle*. Wenige Meter weiter entspringt in einer flachen Sickermulde nämlich die Breg, die – wer würde den Spruch nicht hersagen können – zusammen mit der Brigach die Donau zuweg bringt: die Donau, die ab hier gerechnet, in 2 888 Kilometer Entfernung von ihrer Quelle, nach dem Durchfließen von acht europäischen Ländern, ins Schwarze Meer einmündet.

Ein weiteres Erlebnis, das man sich nach Möglichkeit nicht entgehen lassen sollte, ist – gleich unterhalb der Martinskapelle – die Begegnung mit der unglaublich resoluten *Schwarzwälder Bäuerin, Maria Hoch*. Sie lebt in ihrem seit dem Baujahr 1715 unverändert erhaltenen Elternhaus. Auch ihre Gerätschaften und ihre Schränke sind alle weit mehr als hundert Jahre alt, teilweise sogar fast so alt wie das Haus. Dazu erzählt sie aus ihrem Leben früher und heute. Sie lebt allein, arbeitet noch immer für sich, hilft Nachbarn – deshalb bleibt ihr Haus auch geschlossen, wenn draußen dringende Feldarbeiten, wie vielleicht die Kartoffelernte anstehen. Einen modernen Haushalt möchte sie nicht führen – „Man wird ja nie fertig". Früher, berichtet sie, beschränkte sich die reine „Frauenarbeit" auf vier Waschtage und eine Woche Hausarbeit pro Jahr.

Dem Zeichen „M" nach, führt nun der Weg am Gasthof „Martinskapelle" und dem dortigen Wanderparkplatz vorbei in Richtung *Skihütte* durch eine wunderschöne Landschaft: Tannengruppen mit wie hindrapierten Felsen sind malerisch über die Kuppe verteilt. In weitem Bogen folgt man dem Weg erst durch Wald, dann – mit freier Sicht übers Tal – hinab in den unteren *Katzensteig*.

Kurz vor *Farnberg* gabelt sich der Weg in zwei Richtungen, beide führen nach Schönwald. Wer der bislang beschriebenen Route weiter folgen will, verläßt hier die Markierung „*M*" zugunsten der nach rechts abzweigenden *roten Raute*. An der nächsten Gabelung des Weges wird diese abgelöst durch eine letzte Markierung, einer *blauen Raute mit weißem Längsbalken*, die – sofern man sie nicht aus den Augen verliert, wofür einige Wachsamkeit nötig ist – auf direktem, schön zu gehendem Weg zurück zum Ausgangspunkt führt.

Doch zuvor gilt es, kurz nach der oben erwähnten Weggabelung noch einen flachen Bergrücken zu überqueren. Und genau dieser Bergrücken bildet die *Wasserscheide zwischen Donau und Rhein*, hier „vertreten" durch die Rinnsale der Breg und der ebenfalls ganz in der Nähe der Martinskapelle entspringenden Elz.

Weiter führt uns der Weg am Waldrand rechts oberhalb des nach Südosten gelegenen Bregtals. Bei seiner Einmündung in den Wald gabelt sich unser Weg wiederum. Hier ist es noch richtig, dem Schild „Schönwald" sowie der *blauen Raute mit weißem Längsbalken* zu folgen. An der nächsten Gabelung aber würde es einen unnötig großen Umweg bedeuten, weiter dem Schild „Schönwald" zu folgen. Man geht daher rechts dem Zeichen „K 8" nach, findet nach einiger Zeit die lang vermißte *blaue Raute mit weißem Längsbalken* wieder und gelangt so auf einem schönen und bequemen Weg von oben her direkt zum Ausgangspunkt an die katholische Kirche Schönwalds zurück.

Wer jetzt trotz vielerlei Erlebnissen traurig sein sollte, weil Maria Hoch vielleicht nicht anzutreffen war und man sich gerade ganz besonders darauf gefreut hatte, einmal eines der schönen alten Schwarzwaldhäuser von innen zu erleben, sollte die Chance nutzen und noch einen Abstecher zum **Reinertonishof** hinaus machen. Auch dieses Haus ist schon über 300 Jahre alt und trotz Renovierung im Urzustand erhalten. Noch immer hängen an den Balken der Küche Speckseiten und Schinken. Zum Hof gehören außerdem eine Dreschtenne, ein Milch- und ein Backhäusle sowie weiter unten im Tal eine Mühle. Im Backhaus besteht eine Vespermöglichkeit; in den Stallungen stehen über 20 Ponys und laden zu Reiterferien und Ausritten ein.

Wie kommt man nach Schonach zur Kuckucksuhr?
A 81, Ausfahrt Villingen-Schwenningen, dann die B 33 über St. Georgen nach Triberg, links nach Triberg hinein und hindurch, dann gabelt sich die Straße, rechts geht es nach Schonach, links nach Schönwald.
Auskünfte: Touristikinformation Schonach;
                Telefon 0 77 22/96 48 10

Weltgrößte Original-Kuckucksuhr
Öffnungszeiten: täglich   9.00 – 12.00 Uhr
                    und   13.00 – 18.00 Uhr
Eintritt: Erwachsene   DM   1,00
                    Kinder (6 bis 10 Jahre) DM   0,50
Auskünfte: Telefon 0 77 22/46 89 (Familie Dold)

Wie kommt man nach Furtwangen?
A 81 Stuttgart – Singen; Ausfahrt Villingen-Schwenningen über Villingen.
Furtwangen liegt direkt an der B 500, die bei Hinterzarten von der B 31 abzweigt bzw. bei Triberg von der B 33.

20

Mit der Bahn an die Bahnhöfe Triberg, Villingen oder Donaueschingen, von dort besteht jeweils Busanschluß.

Auskünfte: Kultur- und Verkehrsamt Furtwangen,
Telefon 0 77 23/9 39 – 0 oder
Fremdenverkehrsverein Oberes Bregtal,
Telefon 0 77 23/9 39-1 11
Telefax 0 77 23/9 39-1 99

Deutsches Uhrenmuseum Furtwangen
Öffnungszeiten: April bis Oktober
täglich 9.00 – 17.00 Uhr
November bis März
täglich 10.00 – 17.00 Uhr
Eintritt: Erwachsene DM 5,00
Schüler, Studenten DM 3,00
Auskünfte: Telefon 0 77 23/9 20-1 17

Wie kommt man nach Schönwald?
Schönwald liegt zwischen Triberg und Furtwangen an der B 500.
Weglänge: 11,5 km

Brendturm
Der Brendturm ist stets frei zugänglich. Eintritt wird nicht verlangt, aber um eine Spende ins Kästchen wird gebeten.

Bauernküche von Maria Hoch bei der Martinskapelle
Öffnungszeiten: Anfang Mai bis Oktober
täglich 15.00 – 18.00 Uhr
(wenn keine besonderen Feldarbeiten anliegen)
Eintritt: (mit Vortrag vom Tonband mit persönlichen Erläuterungen)
Erwachsene DM 1,60
Jugendliche DM 1,00
Kinder (bis 6 Jahre) DM 0,80
Auskünfte: Gasthaus Kolmenhof, Herr Dold
Telefon 0 77 22/9 31 00
Telefax 0 77 23/93 10 25

Wie kommt man zum Reinertonishof?
Zu Fuß aus der Ortsmitte Schönwalds nach ca. zwei Kilomtern (ausgeschildert).
Mit öffentlichen Verkehrsmitteln: im Bus Schönwald-Triberg nach ca. einem Kilometer (Haltestelle „Inselklause").

Reinertonishof
Öffnungszeiten:	täglich außer montags (oder nach Vereinbarung)	14.00-17.00 Uhr
Eintritt:	Erwachsene	DM 3,00
	Kinder	DM 1,00
Ponyreiten:	täglich außer dienstags	
Preis:	Pony/halbe Stunde	DM 10,00
Auskünfte:	Familie Duffner, Telefon 0 77 22/25 05	
Adresse:	Familie Marianne und Lukas Duffner, Schwarzenbachtal 12, 78141 Schönwald	

Einkehrmöglichkeiten: Gasthof „Landpost" (montags Ruhetag)
Naturfreundehaus (montags Ruhetag, Spielplatz)
Berggasthof/Hotel „Zum Brendturm"
Gasthaus „Kolmenhof" (donnerstags ab
14.00 Uhr geöffnet; freitags Ruhetag,
großer Spielplatz)
Gasthof „Martinskapelle" (dienstags Ruhetag)

Kartenempfehlungen:
1 : 75 000 RV 11461 Schwarzwald Mittelblatt
1 : 50 000 TOP Blatt 7 Triberg, Donaueschingen
1 : 25 000 Furtwangen und Umgebung

21 Lambarene und Königsfeld

Wo der „Urwalddoktor" zuhause war

Königsfeld ist ein heilklimatischer Kurort auf der östlichen Hochebene des Schwarzwalds. Man muß für diese Wanderung also mit wenig Höhenunterschieden rechnen. Als Weg kommt alles vor: der Waldpfad ebenso wie gekieste oder asphaltierte Wege. Wer aber einen geländegängigen Buggy hat, kann ohne weiteres mit dem Kinderwagen auf Tour gehen. Königsfeld ist von herrlichen Wäldern umgeben. Einen Teil dieser Wälder durchquert man auf der schönen Rundwanderung, die durch Buchenberg und das romantische Glasbachtal zur sehenswerten Ruine Waldau führt.

Ausgangspunkt dieser Wanderung ist der quadratische, von der Anlage her fast barock wirkende „Zinzendorfplatz" in **Königsfeld**, an dessen westlicher Seite man parken kann. In der Mitte des Platzes findet man eine Tafel, die über die Geschichte des Ortes Auskunft gibt. Königsfeld ist noch nicht sehr alt. Erst 1806 wurde es als Kolonie der Herrnhuter Brüdergemeinde angelegt. Die Herrnhuter waren damals eine noch junge religiöse Gemeinschaft, die sich auf dem Gut Graf Nikolaus Ludwig von Zinzendorfs in Herrnhut aus böhmischen und mährischen Glaubensflüchtlingen gebildet hatte.

Nachdem man sich an den Wegtafeln gegenüber dem Gasthof „Herrnhuter Haus" orientiert hat, folgt man dem *gelben Kreuz* als Markierung zunächst durch die „Friedrichstraße", dann durch die „Hermann-Voland-Straße" hinaus in Richtung „Bettermanns Hütte", vorbei an stattlichen Häusern und am Kurpark. Geradeaus geht der Gehweg am Ortsende in einen Feldweg über, der zum Wald und an diesem rechts entlang führt. Hier und von der gleich darauf auftauchenden Schutzhütte „Bettermanns Hütte" hat man einen weiten Blick über Wiesen, Felder und Höfe. Nach dem kurzen Abstecher zur Hütte geht es auf dem zuvor begangenen Schotterweg weiter hinein in den Wald, zweimal halblinks. Als Markierung dient nun eine *blaue Raute mit weißem Längsbalken.*

Nach einiger Zeit zweigt ein Waldweg vom geschotterten Weg ab. Zwar gilt noch immer die Raute, jeweils an Abzweigungen wird sie jedoch zusätzlich von der gemeindlichen Markierung „*M*" unterstützt. So geführt gelangt man sicher durch einen herrlichen Wald mit Nadelbäumen jeden Alters, mit Moosen, Farnen und Heidelbeersträuchern an den Ortsrand des jetzt nach Königsfeld eingemeindeten Weilers Buchenberg.

Buchenberg ist bekannt durch sein mehr als 1 000 Jahre altes Kirchlein. Die Kirche, die man vom Waldrand aus zuerst sieht und auf die man nach einem Linksschwenk geradeaus zugeht, ist jedoch

St. Nikolaus Kirche in Buchenberg

die neue evangelische Kirche. Das eigentliche Ziel, die romanische St. Nikolaus Kirche stammt aus dem 12. Jahrhundert und ist eine ehemalige Wehrkirche mit bis zu einem Meter dicken Mauern. Man erreicht sie geradeaus weitergehend. Das Kirchlein mit seinen Resten von Wandmalereien und seinem alten Gestühl hat eine ganz besonders anziehende Atmosphäre. Seine größte Kostbarkeit, das „Buchenberger Herrgöttle" ist als Kopie an der Nordwand des Chores zu sehen. Es wurde 1926 in einem Gewölbezwickel des Chordaches gefunden, als Relikt einer Holzplastik aus dem 12. Jahrhundert, die Christus am Kreuz darstellt.

Wer an einem Samstag im Sommer nach Buchenberg wandert, kann außerdem das **Dorfmuseum** besuchen, in dem Geräte und Gegenstände aus dem Ort sowie auch Uhren und Trachten aufbewahrt werden. Auch all diejenigen, für die zum Wandern stets das Einkehren gehört, müssen noch einmal zurück ins Restaurant/Café „Rapp", der ersten und einzigen Einkehrmöglichkeit unterwegs. Alle anderen können von der Kirche aus direkt ins *Glasbachtal* hinunter den nach rechts abgehenden Wiesen- und Waldweg einschlagen, der mit einem *roten Balken* markiert ist.

Der **Glasbach**, ein noch klares, kleines Bächlein, windet sich in kurzen Schlingen durch ein hübsches breites Tal. Sein Name deutet auf die frühere Beschäftigung seiner Anwohner hin. Auch heute noch gibt es am Bach den ganz besonders feinen, zur Glasherstellung geeigneten Sand sowie Kieselquarze. Der Weg quert das Tal, dann gibt eine Tafel Auskunft: Nach rechts führt der „Talweg im Paradies" am linken oberen Talrand entlang im Wald in Richtung Ruine Waldau. Wer gerne grillt, mag versucht sein, den ab der Tafel 1 200 Meter langen Abstecher nach links zum Kneipp- und Grillplatz dazwischenzuschieben. Das ist sicher nicht falsch, muß aber nicht sein. Innerhalb der Ruinengemäuer gibt es ebenfalls eine Feuerstelle.

Wenn vom „Talweg im Paradies" nach rechts die *schwarz-rote Raute* abzweigt, das Glasbachtal ein zweites Mal gequert ist, ist die Hälfte der Strecke zur Ruine Waldau bereits zurückgelegt. Doch bevor man in den Wald hinein geht, sollte man noch einmal ins Glasbachtal zurückschauen! Der schmale Streifen Wald und der anschließende Wiesenhang sind rasch durchwandert und schon sieht man den Bergfried der **Ruine Waldau** von Grün umrahmt aufragen. Ein asphaltiertes Sträßchen führt durch Martinsweiler zur ehemaligen Burg Waldau, die seit fast 700 Jahren eine Ruine ist. Dafür ist erstaunlich viel von ihrem Gemäuer erhalten: allem voran der durch eine Wendeltreppe begehbare, im unteren Teil abenteuerlich dunkle Bergfried, aber auch einige Wände des südlichen Wohnbaus, Reste der äußeren Zwingermauern und des Grabens sowie große Teile der Umfassungsmauern. Eine Tafel erzählt die Geschichte der Burg Waldau. Eine Feuerstelle lädt dazu ein, in romantischer Umgebung innerhalb der Burgmauern Pause zu machen.

Nachdem man die Ruine wieder verlassen hat, überquert man die Straße und folgt dem altbekannten Zeichen, der *schwarz-roten Raute* in den Wald und durch diesen hindurch bis an den Ausgangspunkt der Wanderung nach Königsfeld hinein. Eines der ersten Häuser rechts am Ortsrand Königsfelds ist das **Albert-Schweitzer-Haus**. Es wurde vom evangelischen Theologen, Musiker und vor allem als Missionsarzt in Lambarene (Äquatorial-Afrika) bekannt gewordenen Albert Schweitzer (1875 bis 1965) für seine Familie gebaut, als seine Frau wegen eines Lungenleidens nicht mit zurück nach Afrika durfte. Königsfeld wurde bis zum Tod seiner Frau im Jahre 1957 sein Wohnsitz in Europa, den er nicht allein seiner Familie zuliebe aufsuchte, sondern auch um immer aufs neue Mittel für sein in Lambarene gegründetes Spital aufzutreiben, sei es durch Veröffentlichungen, Vorträge oder Orgelkonzerte. Im Rathaus ist zu den üblichen Bürozeiten eine kleine Dauerausstellung über das Leben und Wirken Albert Schweitzers, dem Ehrenbürger Königsfelds, zu sehen.

Wie kommt man nach Königsfeld?
A 81 Stuttgart-Singen
Aus dem Raum Stuttgart: Ausfahrt Rottweil, über Flözlingen, Weiler, Burgberg nach Königsfeld.
Aus dem Raum Singen: am Autobahnkreuz Bad Dürkheim auf die B 33 an Villingen vorbei, in Richtung Offenburg. Bei der Abzweigung Mönchweiler rechts ab nach Königsfeld.
Öffentliche Verkehrsmittel: Ab St. Georgen (8 km) und Villingen (11 km) bestehen Busverbindungen.

Weglänge: 11 km

Ruine Waldau
Eintritt:	(Pflegepauschale beim Eintritt in die Ruine ist am benachbarten Hof zu entrichten.)	
	Erwachsene	DM 0,50
	Kinder	DM 0,20

Albert-Schweitzer-Dauerausstellung
Die Ausstellung befindet sich im Rathaus Königsfeld.
Öffnungszeiten:	montags bis freitags	9.00 – 12.00 Uhr
	montags bis mittwochs	13.30 – 16.00 Uhr
	donnerstags	15.00 – 18.00 Uhr
Eintritt:	frei	
Auskünfte:	Telefon 0 77 25/8 00 90	

Einkehrmöglichkeit: Restaurant/Café „Rapp" (dienstags Ruhetag)

21

Kartenempfehlungen:
1 : 75 000 RV 11461 Schwarzwald Mittelblatt
1 : 50 000 TOP Blatt 7 Triberg, Donaueschingen

Römer, Ritter und mehr 22

In und um Schramberg

Ende gut, alles gut – darf man wohl sagen, wenn sogar im vorletzten Ausflugstip (das letzte Kapitel widmet sich den Bahnen im Südschwarzwald) noch einmal alles enthalten ist, was eine Familie gerne tut. Vor allem wenn man dazu noch alles (oder jedenfalls fast alles) zum Nulltarif bekommen kann. Zum Nulltarif gibt es im Schramberger Ortsteil Waldmössingen den Eintritt ins römische Kastell, ins Tiergehege und das Spielen im schön angelegten Abenteuerspielplatz. Aber auch in Schramberg selbst ist der Besuch aller drei Burgen und des Stadtmuseums kostenlos.

Schramberg, nach seinen räumlichen und historischen Charakteristika als „Fünf-Täler-Stadt" oder auch als „Burgenstadt" bezeichnet, hat eigentlich eine recht junge Geschichte. Erst um 1100 nach Christus drangen Siedler bis in die Gegend der heutigen Stadt Schramberg vor, in ein damals noch unzugängliches Waldgebiet. Auch die Römer, von denen als historisches Zeugnis das Kastell in Waldmössingen übrig blieb, zogen daran vorbei. Erst von den Burgen aus, die verschiedenen Linien des gleichen Geschlechts – den Herren von Falkenstein – gehörten, entstanden einst die ersten Siedlungen. Bis ins 19. Jahrhundert war dann auch alles, was in Schramberg geschah, eng mit der Geschichte seiner Burgherren verbunden. Erst 1867 erhielt Schramberg das Stadtrecht und gemeindete im Laufe der Zeit die Nachbarorte Sulgen, Schönbrunn und Waldmössingen ein.

Wer (von Stuttgart) über die A 81 kommt und sie an der Ausfahrt Oberndorf in Richtung Schramberg verläßt, kommt geradewegs durch **Waldmössingen**. Dort haben Kinder vielleicht so viel Spaß, daß die Gefahr besteht, an diesem Tag Schramberg gar nicht mehr zu erreichen. Gut ausgeschildert findet man zunächst zum schön angelegten *Abenteuerspielplatz*. Für die größeren Kinder gibt es ein ganzes Indianerdorf samt Totempfahl, Blockhäusern, Planwagen, Brücken, Türmen und Toren. Daneben findet sich ein Kleinkinderbereich mit Riesenrutsche und Sandkasten.

Gleich daneben ist ein *Tiergehege*. Auf einer Fläche von über fünf Hektar sind in großzügigen Gehegen Tiere untergebracht, die zu beobachten Kindern und ihren Eltern viel Freude macht. Esel, Ponys, Zwergziegen, Heidschnucken sind die bekannteren „Gesichter", eine Attraktion die bildschönen schottischen Hochlandrinder. Was das Tiergehege aber auch interessant macht, ist seine Spezialisierung auf seltene, vom Aussterben bedrohte Haustierrassen. Hinterwälder Rinder und Steppenrinder zählen dazu, Ungarische Zackelschafe, Walliser Schwarznasenschafe oder Walliser Schwarzhalsziegen. Kinder ge-

Die Riesenrutsche auf dem Abenteuerspielplatz

fallen wahrscheinlich die Namen dieser Tiere, aber interessanter wird ihnen letztlich doch sein, ob das Lama tatsächlich spuckt oder der Pfau doch noch ein Rad schlägt ...

Vielleicht mag man auch gleich einen Gang durchs benachbarte „*Feldflora-Reservat*" anschließen, wo heute seltener gewordene Ackerpflanzen wie Dinkel, Buchweizen oder Flachs in traditioneller Dreifelderwirtschaft angebaut werden.

Schottische Hochlandrinder im Freizeitgelände Schramberg-Waldmössingen

Am *Kastell* schließlich findet sich eine Feuerstelle, ist Platz zum Spielen und Lagern, im Herbst auch zum Drachen steigen lassen. Vom Kastell selbst darf man aber nicht zu viel erwarten. Es besteht aus einem rekonstruierten Turm, in dem sich eine kleine ständige Ausstellung mit römischen Funden aus dem Gelände des ehemaligen Kastells befindet und einem ebenfalls rekonstruierten Mauerteil. Diese Funde entstammen zwei Grabungen von 1896 und 1975. Dabei wurde entdeckt, daß das erste Kastell bereits in den 70er Jahren nach Christus zur Sicherung der wichtigen Straße von Straßburg (dem römischen Argentorate) nach Rottweil (Arae Flaviae) angelegt wurde. Aus dem Vicus, dem Lagerdorf, in dem sich Zivilpersonen ansiedelten, entstand schließlich Waldmössingen.

Über **Sulgen** gelangt man schließlich nach Schramberg. Radfans sollten aber nicht durchfahren, sondern in Sulgen Station machen. Viele schöne Radtouren, die in der Schrift „Mit dem Rad rund um

Schramberg" beschrieben werden, haben hier ihren Ausgangspunkt. Sie führen abseits der Durchgangsstraßen durch die abwechslungsreiche Landschaft, jede zu einem lohnenden Ziel. Auch wer nicht radelt, macht vielleicht aus einem anderen Grund Station in Sulgen. Hier, in der St. Laurentius-Kirche hat der Künstler Albert Fehrenbacher eine ungewöhnliche Arbeit geschaffen. Seine „Völkerkrippe vor Bethlehem", die ein Aufruf zu Frieden und Völkerverständigung sein will, zeigt die Geburt Jesu aus der Sicht von 22 Ländern, teils in Miniaturen, teils in bis zu einem Meter breiten Krippen. Hier allerdings gilt es, eine Ausnahme auf diesem Ausflug, Eintritt zu bezahlen.

Wer von Sulgen her nach **Schramberg** kommt, gelangt automatisch zum Schloß, dem 1841 im Tal errichteten neuen Sitz der Grafen von Bissingen. Heute ist in ihm das *Stadtmuseum* untergebracht. In vier Abteilungen – Burgen, Steingut, Strohflechterei und Uhren – zeigt es die geschichtliche Entwicklung Schrambergs. Besonders schön für Familien ist, daß hier wieder der Eintritt frei ist.

Burgen gibt es hier übrigens wie „Sand am Meer". Drei – die Ruine Schilteck, die Ruine Falkenstein und die Ruine Hohen-Schramberg – überragen die Stadt. Man darf aber durchaus auch die drei weiteren Ruinen des Bernecktals (Berneck-Tischnek, Ramstein und Altenburg) dazuzählen und ebenso den Burgstall Lichtenau bei Heiligenbronn. Die stadtnahen erstgenannten drei Burgruinen lassen sich auf Wanderungen von Schramberg aus, leider jedoch nicht auf einer einzigen Tour, erreichen. In der Schrift „Auf Schusters Rappen" gibt es dafür reizvolle Vorschläge.

Vom Zentrum aus sieht man höchstens zwei Burgen zugleich. Es gibt jedoch eine Stelle, von der aus man alle drei auf einmal sieht, den *„Dreiburgenblick"*. Man erreicht ihn von der Stadtmitte aus in südwestlicher Richtung die „Obere Weihergasse" hinaufsteigend bis dorthin, wo die „Hohenbergstraße" abzweigt.

Die *Ruine Falkenstein* ist die älteste der drei Burgen. Von ihr sind nur noch Reste des romanischen Turms und der Ummauerung vorhanden. Man sagt, Herzog Ernst II. von Schwaben habe seine letzten Tage hier verbracht. Literarisch unsterblich wurde er durch den Dichter Ludwig Uhland, der ihn in seinem Drama „Herzog Ernst von Schwaben" zum Idealbild eines Freundes stilisierte, weil dieser aus Freundestreue Besitz und Leben opferte ...

Die *Ruine Schilteck*, die um 1200 errichtet wurde, steht auf demselben Bergrücken, wie die Ruine *Hohen-Schramberg*. Da letztere auch mit dem Auto anzufahren ist, läßt sich die Ruine Schilteck auf einem angenehmen, bequemen Spaziergang besuchen. Der Wanderweg (durch eine *blaue Raute mit weißem Längsbalken* gekennzeichnet) geht hinter dem Gasthof „Burgstüble" auf dem Schloßberg ab. Von der Ruine Schilteck steht noch der 20 Meter hohe Bergfried, in den ein Treppenhaus eingebaut und oben eine Platte einbetoniert wurde, so daß man die Aussicht genießen kann. Auch Reste der Ummauerung sind noch vorhanden.

Am besten erhalten durch ihre bis zu sechs Meter dicken Mauern ist die erst 1457 bis 1459 durch Hans von Rechberg als Burg errichtete heutige *Ruine Hohen-Schramberg* auf dem Schloßberg. Dieser Berg gab Burg und Stadt Schramberg ihre Namen. Auf alten Bildern, auf denen er sich noch unbewaldet zeigt, sieht man ganz deutlich, wie bildhaft sich sein Name von seinem Aussehen her, einem „Berg mit Schrammen", ableitet. Heute allerdings heißt er nach seiner Lage zum Schloß auch „Schloßberg". Die auf ihm errichtete Burg wurde durch spätere Ausbauten zur zweitgrößten militärischen Anlage im süddeutschen Raum, ehe sie im 30jährigen Krieg und später von den Franzosen schwer beschädigt wurde. 1689 wurde sie von den Franzosen schließlich vollends niedergebrannt. Vier Tage dauerte der Brand. Und achtzig Jahre gar sollte es dauern, bis die Nachfahren der Burgherren, die Grafen von Bissingen, im Tal das Schloß als neuen Sitz errichten ließen.

Damit schließt sich der Kreis; denn das Schloß, das heutige Stadtmuseum, war ja der Ausgangspunkt für die Erkundung Schrambergs. Zugleich findet man sich am Ende eines erlebnisreichen Ausflugs, vielleicht um ein anderes Mal wiederzukommen ...

Wie kommt man nach Schramberg?
A 81, Ausfahrt Oberndorf, dann über Waldmössingen, Sulgen nach Schramberg.
A 5, Ausfahrt Freiburg-Nord, die B 294 durch das Elztal und Gutachtal über Waldkirch und Haslach bis Hausach, dann die B 33 bis Hornberg, von dort über Lauterbach nach Schramberg.

Freizeitgelände Schramberg-Waldmössingen
Öffnungszeiten: ganzjährig
Eintritt: frei
Auskünfte: Bio-Hof Schmid, Heimbachstraße 46;
78713 Schramberg-Waldmössingen,
Telefon 0 74 02/9 11 24

Römisches Kastell (Schramberg-Waldmössingen)
Öffnungszeiten: Mitte April bis Oktober
 sonntags 13.30 -17.30 Uhr
 (oder nach Vereinbarung)
Eintritt: frei
Auskünfte: Telefon 0 74 02/2 13

St. Laurentius-Kirche (Schramberg-Sulgen)
Die St. Laurentius-Kirche befindet sich im Ortsteil Sulgen.
Öffnungszeiten: 1. Mai bis 30. September
 mittwochs bis freitags
 und sonntags 14.00 – 17.00 Uhr
Eintritt: Erwachsene DM 2,50
 Kinder (ab 16 Jahre) DM 1,00
 Kinder unter 16 Jahre (nur in Begleitung
 Erwachsener) frei.
Auskünfte: Während der Öffnungszeiten:
 Telefon 0 74 02/5 32 44
 (sonst Anrufbeantworter);
 Verkehrsamt, Telefon 0 74 22/2 92 14 oder
 Pfarramt, Telefon 0 74 22/82 83

Stadtmuseum
Öffnungszeiten: 1. Mai bis 15. September
 dienstags bis freitags 10.00 – 12.00 Uhr
 und 14.00 – 18.00 Uhr
 samstags und sonntags 10.00 – 12.00 Uhr
 und 14.00 – 17.00 Uhr
 16. September bis 30. April
 dienstags bis freitags 14.00 – 18.00 Uhr
 samstags und sonntags 10.00 – 12.00 Uhr
 und 14.00 – 17.00 Uhr
 montags geschlossen
Eintritt: frei
Auskünfte: Telefon 0 74 22/2 92 68
Adresse: Bahnhofstraße 1, im Schloß,
 78713 Schramberg

Über Schrambergs Burgen, Rad- und Wandertouren informiert die Stadt- und Bürgerinformation im Rathaus. Dort sind auch die erwähnten Schriften erhältlich.
Auskünfte: Telefon 0 74 22/2 92 15

Einkehrmöglichkeit: Gasthof „Burgstüble" (mittwochs und donnerstags Ruhetag)

Kartenempfehlungen:
1 : 75 000 RV 11461 Schwarzwald Mittelblatt
1 : 50 000 TOP Blatt 5 Freudenstadt, Schramberg

23 Mit Volldampf durch den Südschwarzwald

„Rebenbummler", „Chanderli", „Sauschwänzle" - und „Höllentalbahn" stellen sich vor

Wer die Landschaft gerne aus einem Zug heraus erkundet, der hat hier im Südschwarzwald geradezu ideale Möglichkeiten. Drei Museumszüge stehen im Sommer unter Dampf, um Ausflügler in landschaftlich reizvolle Gegenden zu bringen. Nur einer der Züge, die Höllentalbahn, ist elektrifiziert und modern, macht dies aber durch die romantische Streckenführung mehr als wett, so daß auch die Höllentalbahn mit gutem Grund hier aufgeführt wird. Da alle Bahnfahrten sich mit lohnenden Wanderungen verknüpfen lassen, kann man auf diese Weise die charakteristischen Landschaften des Südschwarzwaldes „erfahren".

Mit dem **Rebenbummler** kann man die nordwestliche Ecke unseres Zielgebiets kennenlernen: den Kaiserstuhl. Nur wenige Kilometer von Freiburg/Breisgau entfernt, hat der *Kaiserstuhl* im wahrsten Sinne des Wortes nur am Rande mit dem Schwarzwald zu tun. Er ist nämlich ein eigenständiges kleines Gebirge vulkanischen Ursprungs. In der Eiszeit wurde es mit Löß bedeckt, dem aus der Gesteinsverwitterung der Randgebirge stammenden Staub. Nach Osten hin ist der Kaiserstuhl bewaldet. Im Westen und Süden liegen, wahrscheinlich seit mehr als 1200 Jahren, Weinberge. Seit mehr als 80 Jahren umrundet sie die Kaiserstuhlbahn. Der „Rebenbummler", der heute diese Strecke in den Sommermonaten planmäßig befährt, ist einer der wenigen stilreinen Museumszüge. Von einer 1927 gebauten Dampflokomotive werden Wagen aus der Zeit zwischen 1882 und 1929 gezogen, die der Verein der Eisenbahnfreunde Breisgau e. V. alle mit viel Liebe zum Detail instand hält. Die gesamte Rundfahrt durch alte Städtchen, Dörfer, Weinberge und Obstplantagen ist 50 Kilometer lang. Unterwegs gibt es viele lohnende Punkte, an denen man die Fahrt zum Wandern oder zu einer Radtour unterbrechen kann. Tourenvorschläge und eine Radkarte dazu sind im Zug erhältlich, Fahrräder werden kostenlos transportiert. Auch mit einer Schleusenrundfahrt auf dem Altrhein kann man diesen Bahnausflug verbinden.

Die Kandertalbahn, liebevoll auch „**Chanderli**" genannt, verbindet Basel mit der Brezel- und Töpferstadt Kandern im Markgräfler Land. Dazu zweigt die Museumsbahn (bestehend aus einer 1904 gebauten Dampflokomotive und Personenwagen aus den Baujahren 1882 bis 1936) in Haltingen von der Hauptlinie Basel – Mannheim ab und führt rund 13 Kilomter durchs schöne Kandertal. Auf der Strecke gibt es fünf „Unterwegsbahnhöfe". Keines der umliegenden Dörfer ist weniger als 1 000 Jahre alt. Für eine Unterbrechung unterwegs bietet sich vor allem das Wandern durch die zwischen Hammerstein und Kandern gelegene wildromantische Wolfschlucht an. Doch auch wer lieber durchfährt, kommt an den jeweiligen Endpunkten der Strecke voll und ganz auf seine Kosten: im idyllisch-schönen Kandern, dem „Badischen Nizza", ebenso wie in Basel, wo es – abgesehen von seinem weltbekannten Zoo – Museen und Sehenswürdigkeiten mehr als genug gibt.

Warum die „Museumsbahn Wutach" zu ihrem im Volksmund geprägten Namen **„Sauschwänzle-Bahn"** kam, sieht man mit einem Blick auf die Landkarte. Geringelt wie ein Schweineschwänzchen verläuft die knapp 26 Kilometer lange Bahnstrecke am östlichen Zipfel des Hochschwarzwalds mit vielen Kehrschleifen und dem einzigen Kreiskehrtunnel Deutschlands. Die im Mai 1890 eröffnete Strecke Blumberg – Weizen war als Teilstück der Linie Immendingen – Weizen und diese wiederum als strategische Bahnstrecke entlang der Schweizer Grenze gedacht. Weil weder Militär noch Touristen die mit so hohem finanziellen Aufwand gebaute Bahn im erwarteten Umfang nutzten, wurde sie 1955 stillgelegt. Diesen Dornröschenschlaf beendete man 1977 mit der Schaffung der Museumsbahn. Zu Recht, denn sie führt schließlich durch einige der schönsten deutschen Landschaften – das romantische Wutachtal und das geologisch interessante Mühlbachtal – rattert über vier hohe Viadukte und durch sechs Tunnels. Unterwegs gibt es viel zu sehen, zu staunen und zu fotografieren. Schon die „normale" Fahrtzeit der Bahn dauert eine Stunde, „Fotofahrten" dauern sogar bis zu drei Stunden.

Wer die Strecke nur einmal befahren will, kann den Ausflug mit einer herrlichen Zielwanderung verbinden. Ausgangspunkt dafür ist der Bahnhof Zollhaus-Blumberg, Zielpunkt der Bahnhof Lausheim-Blumegg. Da es eine gerne und viel begangene Wanderung ist, vor allem in der Kombination mit der Museumsbahn zur Rückfahrt, wird sie durch eine Lokomotive als Symbol markiert. Nach der Überquerung der B 27 an der Esso-Tankstelle und der Straßenüberschreitung am Buchbergtunnel geht man am Waldrand zunächst in südliche Richtung. Später wendet man sich nach Osten über die Ottilienhöhe, um schließlich wieder nach Süden erst ab-, dann ansteigend bis zum Rastplatz Bühl zu gehen. Ab hier beginnt der schönste Teil der Wanderung mit dem unteren Einstieg in die Wutachflühen. („Flühen" ist ein anderes Wort für Felswand.) Und die Wutachflühen, die tief eingeschnittene, von der Wutach durchflossene Schlucht, ist wirklich sehenswert. Felstürme und bewaldete

23

Hänge bilden die Talflanken. Eine Aue fehlt fast gänzlich, da der Hangschutt meist bis ans Flußbett reicht. Seit 1979 steht dieses Gebiet, das man auf dem Weg entlang der Wutach ausgiebig genießen kann, unter Naturschutz. Auf dem Wutachsteg über die Wutach gelangt man am Ende direkt zum Bahnhof Lausheim. Mit diesen 10 Kilometern Wanderstrecke hat man sich das Anrecht auf 22 Kilometer bequeme Fahrt im Bummelzug erworben, vom Bahnhof Lausheim zurück nach Blumberg.

Die „**Höllentalbahn**" ist im Gegensatz zu den drei anderen keine Museumsbahn. Sie ist die ganz normale, leistungsfähige und gut 76 Kilometer lange Verbindung zwischen Freiburg/Breisgau und Donaueschingen. Daß sie in diesem Kapitel zu Recht aufgeführt wird, liegt daran, daß sie auf der eigentlichen Höllentalstrecke – zwischen Himmelreich und Hinterzarten – zu den interessantesten Bahnstrecken Deutschlands gehört. Neun Tunnels und zahlreiche Viadukte waren notwendig, um die Bahn durch das von steilen Felswänden begrenzte, oftmals sehr schmale Tal zu führen. Erschwert wurde dies durch den Höhenunterschied von sage und schreibe 441 Meter, die auf der nur 1,8 Kilometer langen Strecke zu überwinden sind.

Einen nachhaltigen Eindruck von den Problemen, die die Eisenbahnbauer auf dieser Strecke zu überwinden hatten, erhält man auf einer Wanderung durch das Höllental von Hinterzarten aus nach Himmelreich. Die Bahn bringt einen dann in nur 20 Minuten zurück. Vor allem das imposanteste Bauwerk der Strecke, das Ravenna-Viadukt mit seinen 220 Metern Länge und 42 Metern Höhe erscheint noch einmal so imposant, wenn man darundergestanden und emporgeschaut hat oder vom Jägerpfad aus beobachten konnte, wie ein Zug darüber fährt.

Wer diese Wanderung machen will, geht am besten in Hinterzarten los und durch das Löffeltal (siehe auch Kapitel 15), vorbei an alten Mühlen nach Höllsteig hinunter, wo man beim Gasthof „Stern" das Ravenna-Viadukt erreicht. Auch die Oswaldkapelle sollte einem dabei einen kurzen Aufenthalt wert sein. Auf dem Jägerpfad (nach rechts, anders als in Kapitel 15) gelangt man dann rasch zur engsten Stelle des Tals, dem sogenannten Hirschsprung. – Der Sage nach soll dort einmal ein Hirsch durch einen gewaltigen Sprung über die Schlucht hinweg seinen Jägern entkommen sein. Natürlich war die Schlucht früher auch nicht so breit wie heute, wo eine Straße hindurch führt. – Der weitaus größte Teil der Wanderung ist nun geschafft. An der Burgruine Falkenstein vorbei, die hoch oben im Fels in einem kurzen, lohnenden Abstecher zu erreichen ist, kommt man nur noch abwärts gehend in den kurz vor Kirchzarten gelegenen Ort

Die Höllentalbahn

Himmelreich. – Früher, als das Höllental noch eng, mühselig und durch Wegelagerer auch nicht ungefährlich war, muß dem Wanderer das nach zwölf Kilometern Wegstrecke erreichte offene Tal und der darin liegende Ort in mehr als einer Hinsicht als irdisches „Himmelreich" erschienen sein.

Rebenbummler
Preise:	Erwachsene	DM 25,00
	Kinder	DM 15,00
	Kombi-Karte mit Schiff:
	Erwachsene	DM 38,00
	Kinder	DM 20,00
	Besonders günstig für Familien ist die Regio-24-Karte. Sie gilt für zwei Erwachsene und bis zu vier Kindern den ganzen Tag und kostet für die Strecke Riegel – Breisach	DM 10,00

Am besten erreichbare Zustiegspunkte sind Riegel, Freiburg/Breisgau oder Breisach. Fahrkarten erhält man beim Zugpersonal.

Daneben bietet die SWEG auf der Strecke Riegel – Breisach auch an den anderen Sonntagen ein Verkehrsangebot mit Regelzügen (siehe Kursbuch 723). Von Freiburg gilt der Verbundtarif des Regio-Verkehrsverbundes. Zum Beispiel Riegel- Breisach (1 Zone):

	Erwachsene	DM 3,20
	Kinder	DM 1,60
Auskünfte:	(und Vorabbuchung) über die Eisenbahnfreunde Breisgau e. V., Telefon 0 76 41/15 01 oder 07 61/7 72 81.

Fahrplan und Kurstage stehen im amtlichen Kursbuch, Strecke Nr. 723, Fußnote 9. In der Regel verkehrt er von Juni bis Oktober jeweils am 3. Sonntag im Monat. Für Sonder-/Erlebnisfahrten gibt es ein zusätzliches Infoblatt.

Kandertalbahn (Chanderli)
Preise:	Basel Bahnhof – Kandern
	Erwachsene
	einfache Fahrt	DM 14,00
	Rückfahrkarte	DM 20,00
	Haltingen – Kandern
	Erwachsene
	einfache Fahrt	DM 7,00
	Rückfahrkarte	DM 10,00
	Kinder (4 bis 16 Jahre) zahlen jeweils die Hälfte.
	Fahrrad: DM 3,00/Fahrrad und Richtung
Auskünfte:	Verkehrsamt Kandern,
	Telefon 0 76 26/8 99 60;
	Telefax 0 76 26/8 99 10 oder
	Reisebüro Kandern, Telefon 0 76 26/70 54;
	Telefax 0 76 26/67 43. Reservierungen sind beim Reisebüro Kandern möglich.

Das Chanderli bietet zudem Fahrten mit historischen Triebwagen und mit Diesellokomotiven. Der Fahrplan und die genauen Verkehrstage sind der Kursbuch-Tabelle 12733 zu entnehmen.

Museumsbahn Wutachtal („Sauschwänzle-Bahn")
Auskünfte: (und Vorbestellungen für größere Gruppen) über das Verkehrsamt der Stadt Blumberg, Telefon 0 77 02/51 28 (8.00 – 12.00 Uhr) Fahrkarten im Bahnhof Zollhaus-Blumberg eine Stunde vor Abfahrt, Fahrplan und Verkehrstage stehen auch im amtlichen Kursbuch unter Tabelle 12737. Zusätzlich gibt es für jede Saison ein neues Infoblatt.
Die Züge der Wutachtalbahn verkehren auch unter der Woche. Genaue Fahrzeiten sind der Kursbuch-Tabelle 12737 zu entnehmen.
Preise: Erwachsene
einfache Fahrt DM 15,00
Rückfahrkarte DM 20,00
Kinder (4 bis 14 Jahre) bezahlen die Hälfte.
Fahrräder können mitgenommen werden.
Der Bahnhof Zollhaus-Blumberg liegt direkt an der B 27 zwischen Donaueschingen und Schaffhausen und ist somit bequem zu erreichen.

Höllentalbahn
Alle Ausgangspunkte sind auf der B 31 von Freiburg oder Donaueschingen her zu erreichen. Da es sich bei der Höllentalbahn um eine viel befahrene Strecke handelt, sind die Verbindungen sehr gut. Es gibt kaum Wartezeiten und die Rückfahrt selbst ist nur mit geringen Kosten verbunden.

Die Züge der Höllentalbahn sind der Kursbuch-Tabelle 727 zu entnehmen. Im Abschnitt Freiburg – Titisee-Neustadt gilt der Verbundtarif des Regio-Verkehrsverbundes Freiburg/Breisgau.

Einkehrmöglichkeit: Gasthof „Stern" (durchgehend geöffnet)

Wir über uns

Schwarzwaldverein e. V.

Der **Schwarzwaldverein e. V. ist**
- seit über 130 Jahren für den Schwarzwald und seine Besucher aktiv,
- der zweitgrößte Wanderverband Deutschlands, mit etwa 90.000 Mitgliedern, organisiert in 241 Ortsgruppen und über 70 Jugendgruppen.
- Herausgeber einer attraktiven Vereinszeitschrift zu den Themen Natur, Kultur und Freizeit im Schwarzwald und darüber hinaus.
- als anerkannter Naturschutzverband, Mitglied des Landesnaturschutzverbands, des Tourismusverbands und anderer Verbände und Institutionen politisch im Sinne des Schwarzwaldes und angrenzender Gebiete aktiv.

Der **Schwarzwaldverein fördert** und **unterstützt**

den **Naturschutzgedanken** ...
Sie lieben die Natur und wollen sich für deren Erhalt einsetzen! Engagieren Sie sich zusammen mit Gleichgesinnten aus Ihrem Ort. Erleben Sie wie sich Feuchtwiesen, Trockenrasen, Streuobstwiesen, Hecken oder andere Biotope bei richtiger Pflege in artenreiche Refugien entwickeln. Oder vertreten Sie über Stellungnahmen und Behördenkontakte die Interessen der Natur! Helfen Sie der Natur durch fachliche Kompetenz, die Sie in unseren Seminaren vertiefen können.

die **Heimatpflege** ...
Sie interessieren sich für alte Gemäuer, Kultur oder Geschichte! Beteiligen Sie sich mit unseren Ortsgruppen an der Renovierung historischer Gebäude, bei Nachforschungen über alte Schanzen, Flurnamen oder bei der Förderung von Mundartdichtung, Volkstänzen, Trachten, altem Handwerk etc.

den Umgang mit **Jugendlichen** ...
Sie haben Spaß an der erlebnisorientierten Vermittlung Ihres Wissens, Ihrer Erfahrung und freuen sich am Umgang mit Kindern und Jugendlichen! Beteiligen Sie sich an einem unserer Jugendprojekte oder Zeltlager. Wir bieten viele Möglichkeiten für Ihr Engagement. Unsere professionellen Fortbildungsangebote werden zum Erlebnis für Sie.

den Unterhalt des **Wanderwegenetzes** ...
Sie wandern gerne allein oder zu zweit und könnten sich vorstellen sich dabei für die Gemeinschaft zu engagieren! Dann sind Sie bei den Wegewarten an der richtigen Adresse. Unsere Wegewarte betreuen insgesamt 23.000 km Wanderwege, davon 7.000 km Fernwanderwege. Für diese Aufgabe liegt ein ausgearbeitetes Handbuch bereit und erfahrene Mitstreiter treffen Sie spätestens auf deren nächster Tagung.

und natürlich das **Wandern** selbst ...
Bewegung in der Natur, sportliches Wandern, Radfahren oder Skifahren in Gemeinschaft machen Spaß und Sie lernen Natur- und Kulturlandschaft in Ihrer Umgebung, im Schwarzwald und anderswo kennen. Viele Ortsgruppen bieten ein Programm für Familien mit kleinen Kindern, für einen sportlicher ausgerichteten oder an Kultur und Natur interessierten Personenkreis. Kommen Sie doch einfach einmal mit! Gerne informieren wir Sie über die nächste Ortsgruppe in Ihrer Nähe.

Auch wenn Sie **nicht** mitwandern wollen ...
unterstützen Sie durch Ihre Mitgliedschaft den Unterhalt der Wanderwege und unser Engagement in Naturschutz, Heimatpflege und Jugendarbeit.

Auf jeden Fall erhalten Sie unsere attraktive, vierteljährlich erscheinende Mitgliederzeitschrift sowie Wanderkarten, Wanderliteratur und Wanderausrüstung zu günstigen Mitgliedspreisen.

Eine Fördermitgliedschaft im Schwarzwaldverein kostet ein Viertele im Monat oder DM 60,– im Jahr. In unseren Ortsgruppen liegen die Jahresbeiträge zwischen DM 25,– und DM 50,–.

Weitere Informationen erhalten Sie auf der Hauptgeschäftsstelle des Schwarzwaldvereins e.V., Wilhelmstraße 1 e, 79098 Freiburg i. Br., Tel. 07 61/3 80 53-0, Fax 07 61/3 80 53-20.

Erlebniswanderungen für die ganze Familie

Familien mit Kindern finden in 25 Kapiteln Vorschläge für Wanderungen auf den Spuren von Flößern, Waldbauern und Rittersleuten im Nordschwarzwald. Die Sehenswürdigkeiten werden kurz geschildert, aber auch Rastplätze mit Feuerstellen, Einkehrmöglichkeiten und Kinderspielplätze werden erwähnt.

112 Seiten, 40 Schwarzweißfotos

Durch seine Fülle an Angeboten bietet der Schwäbische Wald viele Möglichkeiten der Freizeitgestaltung. Da sind die Klingen mit ihren geheimnisumwitterten Felsgrotten und Wasserfällen, die vielen Bäche mit ihren Mühlen und Mühlrädern, der römische Limes mit Nachbildungen von Wachtürmen, sowie Burgen, Aussichtstürme, Historische Dampfzuglinien und nicht zu vergessen die vielen Spiel- und Grillplätze, die zu ausgedehnten Rastpausen einladen. Wofür Sie sich auch entscheiden, der Schwäbische Wald wird Sie und Ihre Kinder in seinen Bann schlagen.

152 Seiten, 30 Schwarzweißfotos, 24 Kartenskizzen

139

Mit Kindern entdecken

In diesem Titel der Entdecken-Reihe richten wir unser Augenmerk auf ein Element, das Kinder schon immer fasziniert hat: Das Wasser. Renate Florl stellt es uns in seinen zahlreichen unterschiedlichen Erscheinungsformen vor:
Wasser als Lebensraum und Lebensmittel;
Wasser unter der Erde, z. B. in Höhlen;
Wasserkraft in Form von Stauseen und Mühlen;
Wasser als Transportmittel;
Wasserfälle, Flüsse und Quellen;
Wasser, das einlädt zum Spielen, experimentieren und plantschen – das einfach Spaß macht.

144 Seiten, 33 Schwarzweißfotos

Edmund Kühnel führt Familien in dieser neuartigen Mischung aus Wanderführer und Sachbuch zu *„Burgruinen der Schwäbischen Alb"* mit all ihren Geschichten und Geheimnissen. Spaziergänge, Ausflüge und Wanderungen zu 22 Ruinen versprechen abwechslungsreiche Tage für jung und alt.
„Die Ritter und ihre Zeit" – Alltagsleben im Mittelalter für Kinder aufbereitet, dieser Sachbuchteil ist ideal für die Vorbereitung oder Nachbearbeitung eines Ausflugs mit neugierigen Kindern (und Eltern).
„Die Rucksackküche" schließlich verspricht leckere Mahlzeiten rund um das Lagerfeuer an einer der besuchten Feuerstellen. Praktische Tips und Rezepte als Alternative zur „Roten Wurst" runden den Sachbuchteil ab.

120 Seiten, 42 Zeichnungen, 17 Kartenskizzen

140

Erlebniswanderungen für die ganze Familie

Die Sächsische Schweiz mit Kindern erleben! Unsere Autorin Renate Florl hat mit ihrer Familie selbst erfahren, welche unglaublichen Erlebnisse in diesem Wandergebiet möglich sind. Die Kinder konnten nicht schnell genug aus dem Haus kommen, um neue Ziele anzusteuern, neue Aussichten zu genießen und einen für sie völlig neuen Teil Deutschlands kennenzulernen. alle notwendigen Informationen sind, wie gewohnt, am Ende eines jeden Kapitels zusammengefaßt.

156 Seiten, 35 Schwarzweißfotos, 21 Kartenskizzen

Den Spreewald – das „Venedig" von Brandenburg und eine der eigenwilligsten Naturlandschaften Europas – prägen urwüchsige Wälder, unzählige Fließe, blühende Wiesen und idyllische Seen. Über Jahrhunderte entstand diese außergewöhnliche Flußlandschaft, die einer reichen Tier- und Pflanzenwelt Heimstatt bietet. Unser Autor Heinz Pflanz versteht es, Kindern die Geschichte und die einmalige Natur dieser Landschaft nahezubringen. Die Touren bieten viel Abwechslung, enthalten Hinweise zu Naturbeobachtungen, zu einfachen Untersuchungen und natürlich, wie gewohnt, ausführliche Infoteile im Anschluß an das jeweilige Kapitel.

84 Seiten, 24 Schwarzweißfotos, 6 Skizzen

Ideen und Tips für Ausflüge und Tagesfahrten

144 Seiten, 33 Schwarzweißfotos, 11 Kartenskizzen

Zwischen Marktredwitz und Regensburg hat unser erfahrener Autor Reinhard Müller zusammen mit seinen Kindern die 26 tollsten Ausflugsziele ausgesucht. Erleben Sie mit ihnen eine einzigartige Führung durch ein Wurzelmuseum, eine Schloßbesichtigung mit dem Schloßherrn persönlich und staunen Sie über die Sammlung verschiedener Knöpfe im einzigen Knopfmuseum Deutschlands – erwandern Sie aber auch herrliche Landschaften und beschauliche Dörfer. Die Beschreibungen und Skizzen machen es Ihnen leicht, diese bis jetzt noch fast unbekannte Landschaft zu einem Ausflugsgebiet erster Wahl zu machen.

132 Seiten, 34 Schwarzweißfotos

Unsere Autoren, seit Jahren als Wanderwarte im Fichtelgebirgs-Verein engagiert, wissen aus Erfahrung, was sowohl Kinder als auch Erwachsene begeistert: der Wackelstein zum Beispiel, ein Felsriese, den selbst Kinderhände mühelos bewegen können oder eine rasante Fahrt mit der Sommerrodelbahn und vieles mehr.

142

Streifzüge durch Stadt und Land

132 Seiten, 30 Schwarzweißfotos

Es gibt vieles zu sehen, zu erleben, zu wandern und zu radeln, in und rund um Stuttgart. Tips für Ausflüge mit Kindern zu jeder Jahreszeit und bei jedem Wetter, mit Hinweisen auf Einkehr-, Grill- und Spielmöglichkeiten garantieren einen gelungenen Ausflug.

120 Seiten, 28 Schwarzweißfotos

Für Familien mit Kindern gibt es im Hohenloher Land viel zu erwandern und zu erleben. Ob bei der Fossiliensuche rund um Kirchberg, einem Besuch auf dem Schweinemarkt in Blaufelden oder im Freilandmuseum von Wackershofen – der Ausflug bleibt für alle ein unvergeßliches Erlebnis.

143

Zur Autorin

Birgit Mayer hat Germanistik, Geographie, sowie Kunstgeschichte studiert und inzwischen eine ganze Reihe von Familienausflugsbüchern geschrieben. Für die nun vorliegende zweite Auflage ist „Mit Kindern im Südschwarzwald", ein Buch mit Wander- und Ausflugstips für die ganze Familie, komplett und umfassend überarbeitet worden. In dreiundzwanzig Kapiteln beschreibt die Autorin lebendig und anschaulich, was unterwegs alles zu sehen und zu erleben ist. Erwachsene, die zusammen mit Kindern etwas unternehmen wollen, erfahren dabei von lohnenden Ausflügen zu Höhlen, zu Burgen und Bergen, zu Seen und Schluchten. Ein Besuch im „Urwald" gehört ebenso dazu wie ein Ausflug ins Sagenreich der Erdmännlein, das Bezwingen einer Schlucht oder Klamm oder auch eine Fahrt im Bummelzug. Zu jedem Ausflug gehört eine Wanderung oder ein Spaziergang. Viele der Ausflüge sind auch für Familien mit kleinen Kindern, einige sogar mit Kindern im Kinderwagen, gut zu machen. Oft lassen sich Wanderungen und Rahmenprogramm der einzelnen Kapitel untereinander austauschen und neu kombinieren, je nach Altersstruktur und Interessenlage einer Familie. Ein übersichtlicher Info-Teil am Ende jedes Kapitels erleichtert das Hinfinden, nennt Preise und Öffnungszeiten.- Damit der Ausflug in jeder Hinsicht gelingt und sich am Ende eines Tages alle schon aufs nächste Mal freuen!

Birgit Mayer